続 思春期コロシアム

愛vs哀のファイナル編

高野優

東京新聞

はじめに

堂々と胸を張って誇れるような育児はできなかったけれど、おかげさまで三姉妹は健やかで、笑い上戸で、とことんタフに育ってくれた。

母親になったのは、今から24年も前のできごと。ほぼ四半世紀も昔の話だなんて。ほんの数回まばたきをしただけにも感じるし、いつまで経っても変わらない車窓を眺める鈍行電車のようにも感じる。

結局、親が笑っても怒っても子どもは日々育つし、時が来たら背中に忍ばせている羽を鮮やかに広げて、あっという間に巣立って行く。巣立つ日が刻々と迫っているならなおのこと、笑って暮らすほうが楽しいに決まっている。

離乳食を食べない、トイレトレーニングが進まない、おもちゃの貸し借りができない、宿題をやらない、友達と仲良くできない。「ない」ことばかりで本気で悩んだあんなこともこんなことも、時を経た今ではすべてが夢みたい。ふうっと息を吹きかけたら一瞬で消えてしまうような、淡くて儚《はかな》い夢。

その夢はいつしか形を変えて、あたたかくてやわらかな思い出に変わっていた。

そう遠くない未来、巣立ちを見届けた後、わたしは胸の奥にしまっていた思い出を時々取りだして、眺めてなぞって微笑んで、また、そっとしまうんだろう。

長いようで短い人生の中で、無我夢中に子育てをした時期があってよかった。あふれんばかりの愛情を注いだ時期があってよかった。

そしてなにより、３人の子どもたちに出会えて、本当によかった。未熟で冴えないわたしのもとに会いに来てくれてありがとう。

四半世紀の集大成、どうぞ最後まで、ごゆっくりお付き合いください。

続・思春期コロシアム　目次

続
OBASAN

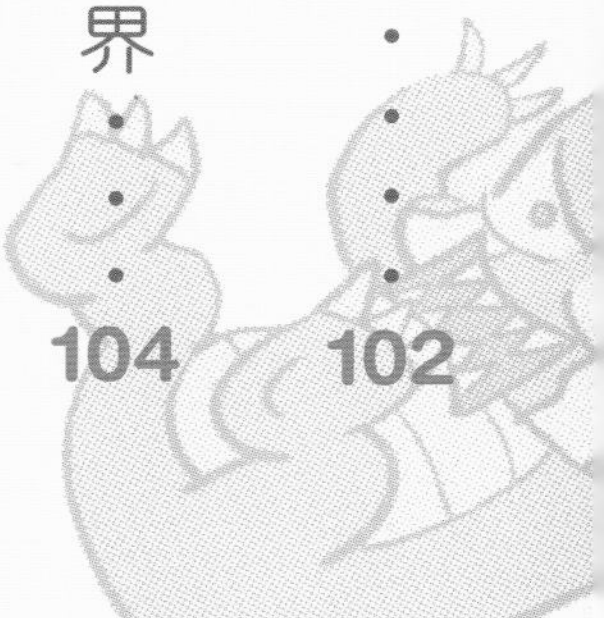

コロシアム・ファイナル

うるさい!!
長女
HELP ME!!

未知との遭遇

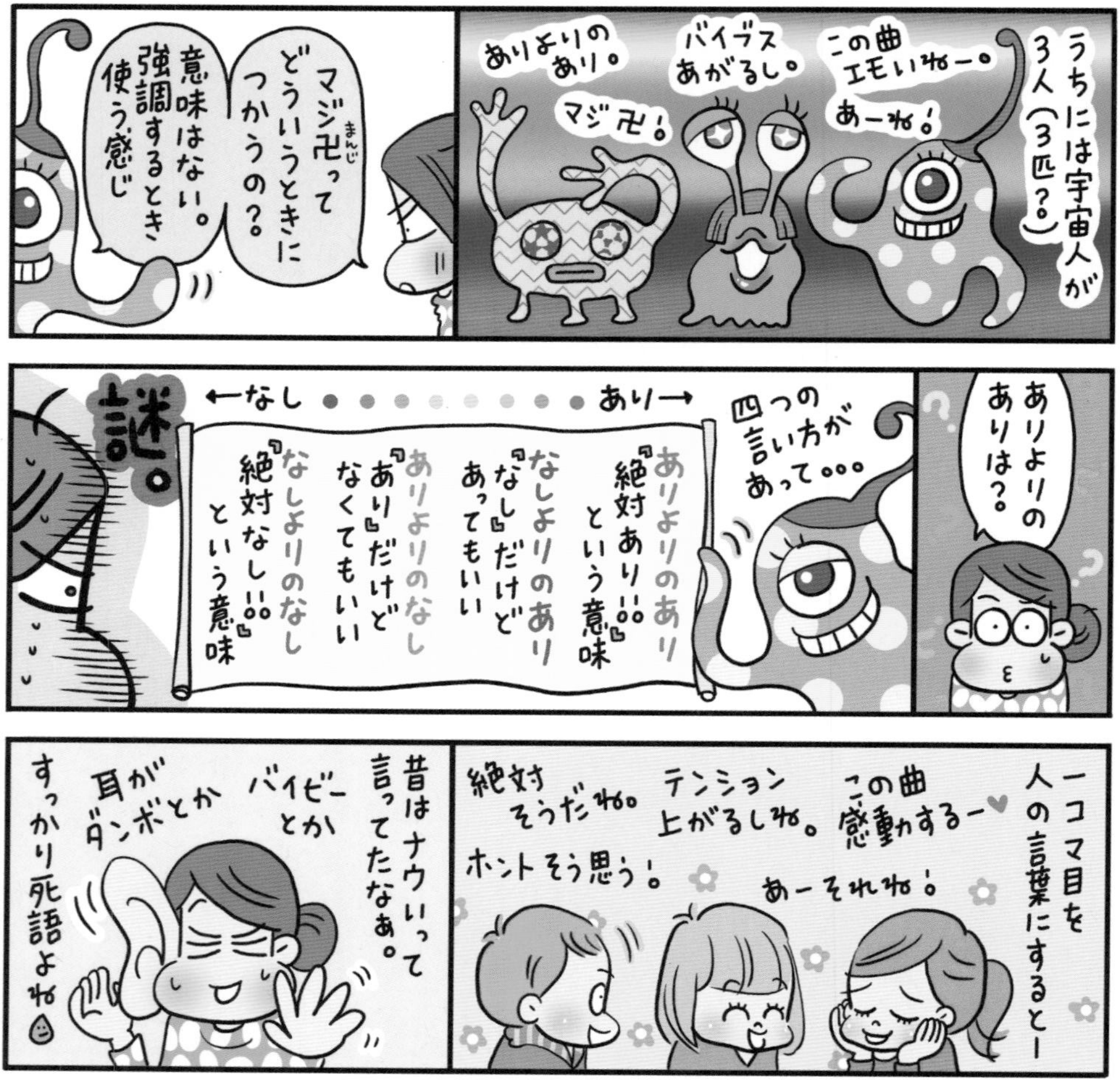

うちには宇宙人が3人(3匹?)
この曲エモいね〜。
あーね!
バイブスあがるし。
ありよりのあり。
マジ卍!
マジ卍《まんじ》ってどういうときにつかうの?
意味はない。強調するとき使う感じ
ありよりのありは?
四つの言い方があって…
←なし ありー→
ありよりのあり 『絶対あり!!』という意味
なしよりのあり 『なし』だけどあってもいい
ありよりのなし 『あり』だけどなくてもいい
なしよりのなし 『絶対なし!!』という意味
謎。
一コマ目を人の言葉にするとー
この曲感動するー♥
テンション上がるしね。
絶対そうだね。
ホントそう思う!
あーそれね!
昔はナウいって言ってたなぁ。
バイビーとか
耳がダンボとか
すっかり死語よね

『おけまる』も
『あざまる』も
聞かなくなった。
流行り言葉って一瞬

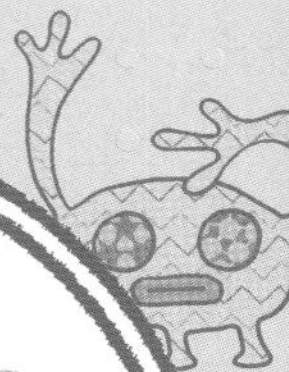

つい先日、長女と電車に乗っていたときのこと。向かいに座るふたりの女子高校生が「おけまる水産ね！」「あざまる水産だ！」と、大きな声で話している。聞きなれない言葉なので、長女にこっそり通訳を頼むと「おけまるは、ＯＫと句点のまるを組み合わせた言葉。あざまるは、ありがとうございますの略と句点のまる」。まるで参考書の問題を解くかのように、淡々とおしえてくれた。

「じゃあ水産は？」と聞くと「野暮な質問だね、意味が無いのがいいところでしょ」と言われてしまった。確かに野暮だなぁと、真面目に聞いたことが恥ずかしくなって、おもわず首をすくめる。

わたしが高校生の頃、まさに箸《はし》が転んでもおかしい年頃で、毎日が楽しくて笑ってばかりいた。怖いものなんてなにもなかった。

時間を惜しむように話していたたくさんのこと。でも、なにを話していたのか、今となってはさっぱり思いだせない。意味があるようでいて、きっと、意味がない話を夢中でしていたんだろう。

その日の夜、三女から「明日は朝６時に起こして」と頼まれて「おけまる！」と返事をしてみた。あれ？　なんだか軽快な気分。

若者言葉がさっぱりわからないと目くじらをたてている方も、ちょっと呟《つぶや》いてみて。案外クセになるかもよ。

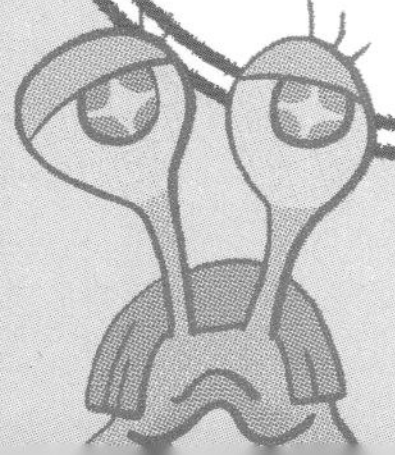

雲泥の差

その後、
『みりん風』なら
何歳でも買えると知って
さらにびっくり!!

恥

ずかしながら、結婚するまでわたしが作れるメニューといえば、ラーメンとお茶漬けのみ。

今でも覚えている。あれはまだ結婚して間もない頃。買ったばかりの料理本を片手にスーパーへ向かったものの、ホウレンソウとチンゲンサイの違いがわからなくて、店員さんに尋ねたことを。一瞬、驚いた表情をしたあと、ばかにすることもなく丁寧に教えてくださった。

翌日はキャベツとレタスの区別がつかなくて、翌々日はカブと大根の区別がつかなくて。教えてくださるのは、いつも同じ店員さん。右手にカブを、左手に大根を持って「これがカブで、これが大根」と教えてくれたあと、にっこり笑ってこう加えた。「あなたは日本語がとっても上手だから、料理もすぐに上手になるわよ」と。あまりにも野菜に無知なので、どこか他の国からやって来たと思われたらしい。

わたしとは正反対で料理が趣味の三女。ついい先日、スーパーで本みりんが買えなかったと怒って帰って来た。煮物にはどうしても必要だから買わせてほしいと、レジで押し問答をしたらしい。20歳未満は本みりんが買えないなんて、知らなかった。

野菜の区別がつかなかったわたしと、本みりんが買えなくて嘆く娘の悩みの違いは、まさに雲泥の差。

恩送り

出張で新幹線に乗ると隣の席は親子。
わたしにとって移動は至福の時間。
あちゃー
一瞬でもそう思ったことに自己嫌悪
なんて言えばいいかなぁと悩んで
あのー
名古屋で降りますから!!
すみません!!
ちがうの
なにか困ったことがあったら声をかけてくださいね
ずっと驚いたままなので
わたしもこどもが小さいとき
変な
語りだした中年
声をかけてと言ったくせに気づいたら熟睡。
くかーっ
テーブルにはお礼のメモとお茶。
なにもできなくてはずかしい...
ありがとうございました
わたしが買って渡すべきだったんじゃ?

幼い子どもたち3人を連れて出かけると、うれしさと同じくらい悲しさを知る。

　電車で子どもがぐずってしまったときに、どこからか聞こえてくる舌打ちは針のむしろのようで、生きた心地がしない。たとえ舌打ちをされたところで、子どもはぐずるのをやめないし、不愉快そうな顔でこちらを睨《にら》んだところで、なにも始まらないし、なにも終わらないのに。ラッシュ時間を避けたくても、都心はいつだって人であふれている。

　ベビーカーを担いで、三女は抱っこひも、次女と手を繋《つな》ぎ、長女にはわたしの服の裾をつかませて、目的地に着くのを静かに祈るように待つ。子連れというだけで、どうしてこんなに肩身が狭いんだろう？　いつも、そう嘆いていた。

　けれど、嘆く日が多かったからこそ覚えている。電車の中で話しかけてくれた方、降車の際にベビーカーを持ってくれた方、涙ぐむ子どもをあやしてくれた方、街や公園やスーパーで、あたたかい言葉をかけてくれた方のことを。たぶん、ずっと忘れない。

たくさんのあたたかさで、ここまで歩んでこられた。通りすがりの優しい方たちへ恩返しができないぶん、これからは〝恩送り〟をしていこう。

　やわらかな気持ちを、あたたかな想いを、次の世代の方に繋げられるように。

正論よりも

閉じた貝を
開くのも
おっくうで×××

長女が小学生の頃、学校から帰ってくるなり先生の悪口を言いだしたので「先生のことを、そんなふうに言っちゃだめだよ！」と、強い口調で諭したことがある。クラスメイトの悪口を言ったときも、同じように窘《たしな》めた。幼いながらに理解をしたのか、それからは悪口も不満もまったく言わなくなった。

親として、それが正しいと信じていたのに、暗くて深いもやがかかったような気持ちになるのはどうしてだろう？

そんなときに知ったのが「正論より共感」という言葉。

わたしは正論をふりかざしていただけなのかもしれない。ばかみたいにまっすぐに、自分が正しくないことを疑いもせずに。

あるとき、長女が先生の不満を呟いたので、共感するように、わざとおおげさに話にのってみた。「えー？　ホント？　それはショックだったね」と。

すると、ぱっと明かりが灯ったような表情を見せたあと、機関銃のように話しだした。甘えながら、じゃれながら、頬を染めてうれしそうに。悪口を助長することはよくないけれど、しっかりと耳を傾けて共感するだけで、こんなに話をするなんて。

悪口を言わなくなったんじゃなくて、おなかにためていただけだったんだ。娘の頭を撫《な》でたあと、そっとおなかも撫でた。

魑魅魍魎な

体力勝負
VS
気力勝負

ふ

と、頭に浮かんだのは円形闘技場のコロシアム。

もしかしたら、わたしは戦っている真っ最中なのかもしれない。それも、目には見えない「反抗期」や「思春期」という名の魑魅魍魎《ちみもうりょう》と。

味方なのか敵なのか、それすらも分からないし、白旗が掲げられる気配だって、まったく見えない。もっとおおらかに受け止めれば、まるく収まるかもしれないのに、それができなくて怒ってばかりいる。親子って、こんなにぶつかってばかりなの？　傷ついて、傷つけられて。

わたしは親元を離れたのが15歳と早かったため、両親に反抗をしないまま大人になり、そして母親になった。そのせいか、真正面から勢いよく向かってくる子どもたちに戸惑いつつも、心の奥では、どこか羨《うらや》んでいる。そんなふうに、素直に正直に気持ちをぶつけられていいなぁと。

ときに怒り、ときに笑い、ときにうなだれる３６５日。感情の振り幅があまりにも大きすぎて、どっと疲れてばかりいる。

いつの日か、今日という日を振り返ったとき、懐かしさと愛しさでたまらなくなるのかな。安堵《あんど》感に包まれた日が訪れるなんて想像もつかないけれど、近くて遠い未来を頭の片隅に置いて、今日もまたコロシアムに立つとしよう。読んでくださるあなたは、歓声とジャッジをぜひ。

小さな呪文

次女21歳。
本人曰く
今も…

講演会の質疑応答で、保護者の方から「上の子はもう○歳なのに～」という質問をいただく機会が多い。そんなとき、わたしが伝えるエピソード。

「長女が幼い頃、講座を聞くために託児をお願いしたことがあります。家では態度が大きく威張ってばかりで。それなのに、講座が終わって託児室へ迎えに行くと、保育士さんの膝にちょこんと座っていたのは、頼りなくて小さな子。いつも『もう○歳なのに』と思っていた自分が恥ずかしくて。それ以来、『もう』じゃなくて、『まだ』と考えるようにしているんですよ」

回答がわりに、そんな話をさせていただく。

家のなかで、ふと目に入る子どもの姿はけっこう大きい。妹や弟がいるならなおのこと。でも、公園ではしゃいで遊んでいるときや、保育園でおともだちとじゃれているときは、家にいるときとは逆で、壊れそうなくらいに小さい。この感覚を忘れちゃいけないと思った覚えがある。

「もう○歳じゃなくて、まだ○歳」

いわば、わたしにとっての呪文。子どもに対してかちんときたら、胸の奥でこっそり呟く。そうすると、だいたいの出来事は「ま、いっか」と変換されるから不思議。

それにしても、まさかその呪文を、成人前の次女から聞く日が訪れるなんて、夢にも思わなかったけれど。

大人って案外いいよ

プレゼントを持って
記念写真が
恒例に

そう、忘れていた。「大人になるっていいな」と思ってもらえるように、子育てをしていたことを。

わたしが子どもの頃、体が弱く病気がちな母は入退院を繰り返していた。病がそうさせたのか、もともとの性格なのかは分からないけれど、口をついてでるのは不満や愚痴《ぐち》ばかり。思いだすのは、ため息をつく横顔と、やり場のない不機嫌そうな顔。

「大人って、つまらなそう」。ぼんやりと、そうあきらめていたあの頃。

季節が巡り、母親となったわたしは、50センチにも満たない長女の寝顔を眺めながら、夢物語を呟いた。「〝親の背を見て子は育つ〟ということわざがあるけれど、背中だけじゃなくて、誇りを持った胸と、笑った顔を見せて育てていけますように」と。小さな赤ちゃんは、親の願いなんてどこ吹く風とばかりに、大きな口であくびをひとつ。

だからこそ、長女が「大人っていいなー!」と言ってくれたときは、飛び上がるほどうれしくて。

「大変だけど、大人は案外いいよ」。そう応えて、長女が買ってきてくれた宝石のようなケーキを頬張る。胸がぐっとなりそうな甘い甘いケーキ。

あなたたちがいつの日か大人になって、思いだすわたしの姿が笑顔でありますように。ケーキを頬張る姿でもいいけどね。

ダメじゃないから

○× ○× ○× ○× ○× ○×

半年間の汗と涙の結晶は次女名義の通帳へ。

次

女の三者面談の日は、朝から胃がきりきりと痛むので、胃薬が必須。

　勉強が苦手、提出物は忘れてばかり、おまけに消極的という三点セット。そのせいか、先生からはできない部分を指摘されてばかりいる。

　成績がクラスで下から二番目のときがあった。励まそうとして、ちょっとふざけながら「セーフ、一番下じゃなかったね」とささやくと、すかさず先生から「最下位は不登校の生徒なので実質ビリ！　こんなダメな生徒に進学なんて無理！」と、畳み掛けるように言われて、親子でうつむいてしまった。

　帰り道「ダメな子でごめんなさい。いつもお母さんに謝らせてばかりだよね」と涙ぐむ娘に「ダメじゃないから。それより先生に言い返せなくて悔しいよ」と言って、華奢《きゃしゃ》な背中をさする。小高い丘からバス停に向かって歩くと、ふたつの長い影が夕日に照らされて足元に映る。頼りなくゆらゆらと。まるでわたしたちみたい。

　その日を境に塾へ通い始めた娘は、丁寧で熱心な指導のおかげで、第一希望の短大に合格した。担任の先生に伝えると、しばらく信じてもらえなかったらしい。

　乱暴な言い方だけど、他のだれかの評価なんて、ときにはどうだっていい。せめて、わたしだけでも信じてあげよう。ダメな子なんて、きっといないはずだから。

懇願の文字

昔、娘と同じ保育園に気になるお子さんがいた。
保護者を知らないしどうしたらいいのかわからなくて先生に相談すると
でも、あの子のお父さんはハンバーグを作るんですよ
作り笑いをする姿を見て、真剣に話したことが恥ずかしくなった
ことあるごとに先生に話したのにうやむやなまま。
うるさい保護者だと思われていたはず。
夏祭りの日、浴衣を着せようとしたら
ウサギさんかわいいね
おなかがあざだらけ。
急いで事務室へ連れて行ったのに、話は平行線。
夕方、児童相談所に電話をかけた。
その後、わが家は引っこしたのでそれっきり
浴衣姿でぼんやりと無表情だったあの子。
成人式で振り袖をまとうときは
どうかまばゆい笑顔でいてほしい。

文章を綴《つづ》るとき、あえて平仮名を用いることが多い。「私」ではなく「わたし」、「温かい」ではなく「あたたかい」と。そのほうが、やわらかな印象をもたらすと信じていた。あの平仮名だけの反省文を読むまでは。

この世に生を受けて、たった5年しか経っていない子が、両親に懇願するためだけに書いた文字※。

娘たちが同じ年の頃に書いたメモは「ままだいすき」や「ごはんおいしいね」と、輝きにあふれていた。文字を読み書きできると、お気に入りの絵本が読めるし、お友達に手紙だって書ける。たくさんの喜びが待っているはずなのに。

一度だけ虐待を疑って通報したことがある。いつも同じ服、伸びた髪、無数の痣《あざ》。普段、笑顔を見せないその子が、保育園の夏祭りでうれしそうにわたあめを頬張ったとき、口の中は虫歯と口内炎だらけだった。

どうしてあのとき、先生方はうやむやにしたがったのか、今でもわからない。そして、無力な自分が悔しくて情けない。

救いを求めて手繰《たぐ》り寄せた細い糸だから、受けた側は、どうかその糸を切らないでほしい。「かわいそう」と呟くのは簡単。「涙がでる」と頷くのも簡単。じゃあどうする？　なにができる？　わたしたち大人は、しっかりと受け止めて考えたい。

※ 2018 年に東京都目黒区でおきた、当時５歳の女児虐待死事件。大学ノートに書かされた「反省文」が見つかった。

どうしよう

4時半起床。
半分寝たまま朝食とお弁当の準備。
おにぎりマシーン
おなかがすくようでおにぎりをたくさん。
三女が登校したあと次女を起こすまで少し仮眠。
すぴーっ
いちばんしんどいのは娘だから わたしが弱音を吐いちゃダメ。
3年間ガンバロウ
そう言い聞かせていたけど
ある日突然、涙がとまらなくなってー
体が頑丈 皮膚も丈夫なのがとりえだったのに×××
緊急事態発生
〜その1〜
ピアスの穴をあけてから一度もかぶれたことがなかったのでショック!!
緊急事態発生
〜その2〜
顔は腫れるし、微熱まで。
五月病かしら
ストレスですね
五月病からいちばん縁遠いと油断していた。

今では笑い話だけど
人生(初)の
じんましんまでできて
辛かった×××

高校生になった三女は、サッカーの朝練があるため、わたしは毎日4時半に起床。

朝、起きられなかったらどうしよう。娘だけが怒られるならともかく、連帯責任になったらどうしよう。いくつもの「どうしよう」が頭をかけ回って、じりじりと焦りが募る。

眠りが浅くて1時間おきに目が覚めるし、炊飯器にお米をちゃんとセットしたかどうかも気になる。見る夢といえば、寝坊して慌てて娘を起こすシーンばかり。

子どもたちが寝静まったあと、深夜零時から午前1時までの60分が、わたしにとってゴールデンタイムだった。好きな音楽を聴きながら、丁寧に珈琲《コーヒー》を淹れる。読みかけの本を手に取るのは、明日へ繋ぐ充電のような愛しいひととき。

でも、今はそんな贅沢な時間をつくれるはずもなく、ただ時間に追われてばかり。

子どもを全力でサポートをする保護者の方たちを、心から尊敬している。わたしも娘の夢を大切にしたいし、応援だってしたいのに、心と体が悲鳴をあげていて、こんなにもしんどい。

完璧なサポートをこなす保護者と、できなくて頭を抱えているわたしとではなにが違うのか、それすらも分からない。ただ不甲斐なくて、娘に申し訳なくて。

ああもうほら、また泣けてくる。

たったひとつの

約束

三女の負けず嫌いは昔から。
うっ
うっ
いっ一位がよかったぁ
小1→
ビリから2番目で悔し泣きをする子をはじめて見た。
上の二人とは
のほほ〜ん
長女
次女
いつも3位くらい
万年ビリ
まったく違う。
〜遠い昔〜
サッカー観戦が趣味の夫のひざは三女の特等席。
大きくなったらサッカー選手になるといいなあ
うん!! ぜったいなる!!
その日から10年。
涙といえば
悔し泣きしか見たことがない。
そんなに泣かなくても。そんなに苦しい道を歩かなくても。
胸の奥にあるのは『そんなに』ばかり。いつだってもどかしくて。

サッカーに
捧げた12年。
わたしからメダルを。

サッカーの部活中、チームメイトが次々に熱中症で倒れて、救急車で搬送されたらしい。

心配するわたしに向かって、三女は真剣な顔で言葉を続ける。

「わたしも熱中症になるくらい、もっと自分を追い込んで練習しなくちゃ」

おもわず、熱中症がどれだけ恐ろしいかを一気にまくしたてた。わたしの言葉が響いているのかどうか、娘の仏頂面からはなにも見えてこない。

運動神経が特別秀でているわけでもなく、努力だけでここまでしがみついてきたことを、心から褒め称えたいし、わが子ながら尊敬もしている。それに、わかっている。そこまで無理をする理由をわかってはいる。

おぼろげにしか覚えていない父親と、幼いときに交わした最初で最後の約束。その、たったひとつの約束を叶えるために、ひたすらがむしゃらに突き進んでいることを。

あーあ。お盆の時期だし、雲の上からふらりと遊びに来て、そっと伝えてくれないかな。そんなにがんばらなくていいよって。あれは約束じゃなくて、たわいないおしゃべりだよって。元気に笑っているだけで、それだけでもう充分だからって。

そして、いつかのように肩車をしてあげて。すっかり大きくなったから、もう難しいかもしれないけれど。

もう限界

三女の生活に合わせて毎朝4時半起床。お弁当を作っていたら
HELP!!
ストレスで体が×××
湿疹
微熱
腫れ
かぶれ
そんなある日ー
みんなのお弁当は豪華なのに
ごちそうさま。
そっかー
びくっ
おいおまえ
怒っているときは『おまえ』呼び
誰かが サッカーやってください お願いしますって頼んだか？
ぶんっ ぶんっ
自分がやりたくてやってるんだろ？ お母さん あんなに小さいのに頑張ってるんだよ
寝不足で車ぶつけたし!!
40代じゃ大きなほう
それがなにさ ああっ？ お弁当がどーのこーのって恥ずかしい!!
ははぁーっ
長女の大説教がきいて、週に何度か学食で食べることに。気がぐーんと楽
おかげさまでほぼ完治。
まだちょっとかゆいけど

高3の今では
自分でお弁当を
つくるように

どーん

と

うとうと言うか、ついにと言うべきか。寝不足のせいで注意力が散漫にならないよう、あれほど気をつけていたのに。

サッカーの朝練があるので、三女が自宅を出るのは午前5時。街は眠っているかのように薄暗くて、人通りもまばらだから、車で最寄りの駅まで送るのが日課となっている。

その日もいつもどおりに送り届け、改札を通る眠たそうな背中に向かって「ガンバレ」と呟き、Uターンをして家へ。

自宅の前に着いて、バックで車庫入れをしようとした瞬間、電柱にぶつけてしまった。この家で暮らして15年。ほぼ毎日のように車庫入れをして、ぶつけたことはもちろん、かすったことさえ無かったのに。

人じゃなくて本当によかったと胸をなで下ろしながらも、ショックで車から出られないでいると、衝撃音に驚いた長女がパジャマ姿のまま家から飛びだして来た。一瞬ですべてを察知したのか、わたしの肩にぽんと手を置いて一言。

「今までよくやったよ。でも、もう限界。自分が一番よくわかっているね？」

ベテラン刑事のように諭す言葉に力なく頷き、体を支えられて車から降りるわたしはさながら犯人のよう。

この罪に名前をつけるとしたら、いったいなんて罪名なんだろう。

歩く道

Q 『反抗期』『思春期』
そのあとにやってくる
『○○期』は
なんでしょう？
A 就活期
元気がとりえなのに
日に日に
やつれていく長女。
私には価値が無い
親はいったい
なにができるのかな。
自信喪失
中年
～その昔～
ミュージシャンを
目指していたわたし。
自信満々
青年
絶対
プロになる!!
サインなら
今のうち!!
若いって
ときに
恥ずかしい
まったく芽がでず
終了ー。
～そして今～
なぜか育児漫画家に。
あのときの
敗北感は
今の原動力
ちなみに
『就活期』が
終わったあとに訪れる
『○○期』。
それは
『婚活期』なんだって。
ひぇ～っ
まだあるの？。

サインの練習ばかり
していたあの頃。

長

女から目指している職業を聞いた瞬間「なれるわけがないのに」と思ってしまった。親なのに、応援しないといけない立場なのに。でも、悲しいかな、親だからこそ向き不向きが、はっきりとわかるのも事実。

あきらめなさいと止めるのは簡単だけど、一度きりの人生だもの。後悔が残らないように、思う存分戦っておいで。就職試験当日の朝は、まるで火打石でも打つ気分で送り出した。案の定、落ちてしまい、道標を失ったせいで塞《ふさ》ぎ込む日が続いている。

たくさん泣いて、たくさん恥をかいて、たくさん落ち込むといいよ。失敗を学んだ人は、失敗を知らない人より、きっと大きくて優しいはず。

今はあたたかいものを食べて、ゆっくり眠って、それからなんとか立ち上がろう。そのときは、あなたより少し小さくなった手を差しだすから。

連日の猛暑の中、リクルートスーツを身にまとい、緊張した面持ちで歩く学生の姿を見るたびエールを送っている。あなたたちの歩く道が、いつか選んだ道となりますように。

明日は娘にとって、二度目の就職試験日。腕をふるって料理を作り、笑顔で送らなくちゃ。でも待って、肝心なことを忘れていた。わたしは料理が得意じゃないってことを。そのぶん、笑顔でカバーしようか。

石橋はどう渡る?

あなたは
どうやって
渡りますか?

「子どもの個性」がテーマのインタビューを受ける機会が多い。そもそも、個性ってなんだろう？　大人は個性と長所をイコールで結びがちだけど、短所だって実は立派な個性で、全部ひっくるめて、その子のオリジナルのはず。

心理学者、トーマスとチェスの研究が興味深い。ざっとまとめると、子どもの気質はみっつ。順応が早く機嫌が良い「育てやすい子」が40％、新しい環境に適応するのに時間がかかる「出だしの遅い子」が15％、気性が荒く不機嫌な「手のかかる子」が10％。残りの35％は、どれにも属さない平均的な子。

幼い頃の長女は「手のかかる子」、次女は「出だしの遅い子」、三女は「育てやすい子」と、3人ともみごとに違う。なにをするにもエンジンがかかるのが遅い次女に「もっと早く！」と怒ったところで意味は無い。むしろ必要なのは、忍耐と励まし。生まれ持った気質を見極めると、子どもへの接し方がぐんと楽になる。

そういえば亡夫は、石橋を叩き割るほど慎重で、最後まで正反対なわたしの猪突猛進ぶりを心配していた。

大丈夫。最近はいい感じでくたびれてきて、泥の橋はとっくに走れなくなったから。今じゃ泥をかきわけつつ、のんびり歩いている。それもまたいいかなぁと、得意の口笛を吹きながら。

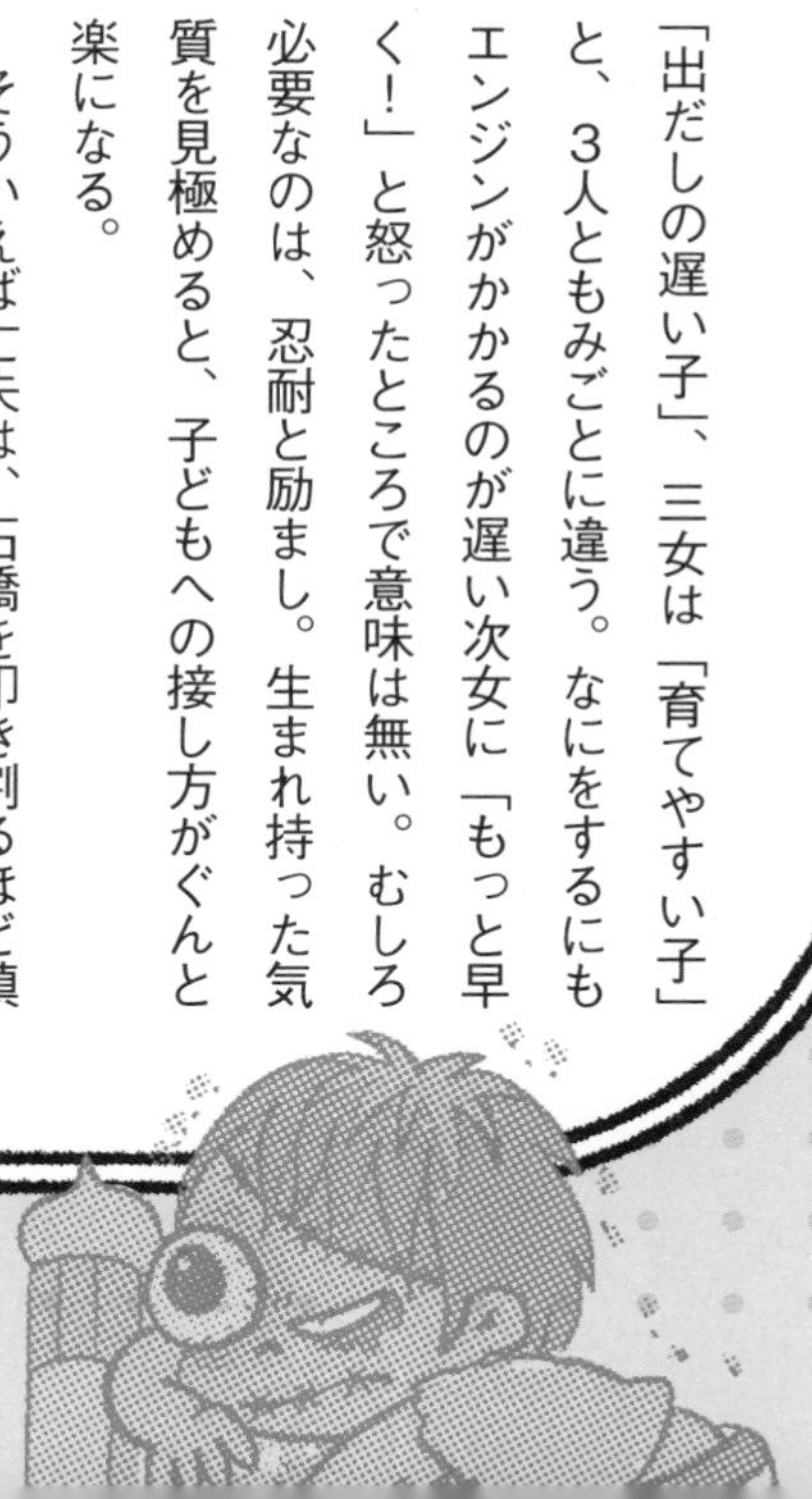

あの日に

今月は次女と三女の誕生日。
フンパツしてお洒落《しゃれ》なレストランへ♥
バースデープレートの手配もばっちり。
Happy Birthday
店内のBGMは大音量♫
ドリンクなにがいい？。
うるさい!!
長女
そんなに大声をだしたつもりないのに。
耳が遠いのかな
あんなに怒鳴らなくても×××
聞き返すと
〜〜〜
え？。
はっ？。だるっ
なにその態度!!
最高の誕生会が最悪な誕生会に。
〜帰り道〜
就職が決まってなくていらいらしてるだけ
気にしないで♥
次女も決まっていない。
少しは気にして

昔は地獄耳
だったのになぁ

子どもたちと食卓を囲む毎日が、当たり前だと思っていた。今ではそれぞれが忙しくて、週に一度、全員が夕食時に集まれるかどうか。だからこそ、誕生会をたのしみにしていた。

３人の喜ぶ顔が見たいがために、レストランを選び、プレゼントを探す。すべてはこの日のため。

結局、わたしに苛立《いら》ちをぶつけた長女は、不機嫌なまま途中で席を立ち、なにも言わずに帰ってしまった。重苦しい雰囲気を挽回しようと、一生懸命にはしゃぐ次女と三女の気遣いがうれしいやら、こんなことになって申し訳ないやら。

翌日、誕生会の情けない顛末《てんまつ》を友人に話すと「よく黙ってたね、えらいよ、わたしならその場で殴り合いだ！」。そう言いながら、おおげさにファイティングポーズをとるので、勇ましさに笑ってしまった。

わたしもあのとき「ごめんね、お母さんの声は大きいから！」と、笑い飛ばせたらよかったのかな。言い返すわけでもなく、ユーモアで切り返すわけでもなく、ただしょんぼりと落ち込んだ自分が恥ずかしい。

お財布は軽くなったのに、胸の奥はずっしりと鉛のように重い。

もしも魔法が使えるのなら、日付を巻き戻して、あの日に戻りたい。あと何回、家族でお祝いできるのかわからないから、なおのこと。

武勇伝

パソコンがなかった時代。ロットリング、ピンセット。

「わたしが22歳の頃は！」なんて、胸を張って語るような武勇伝は、ひとつも持っていない。それでも娘と比べたら、もっと必死で貪欲だった。生きることに、そして働くことに。

念願叶って入社したデザイン事務所は超がつくほどスパルタで、昼食や休憩の時間なんて無いに等しい。右手で持つペンの動きを止めないように、ごはんは左手で食べるようにと言われていたほど。

頭では作りたいデザインの輪郭がはっきりと浮かんでいるのに、それを形にする技術とセンスが無くて、手が1ミリも動かない。印画紙を作るふりをして、トレスコープという機械を使う。黒い暗幕に囲まれた狭い空間のなかで、だれにも気づかれないように声を殺して泣いてばかりいた。不甲斐ないって、きっと、こういうことを言うんだろう。

給料泥棒と呼ばれるのが悔しくて、とにかくがむしゃらだったあの頃。

四半世紀も前の昔話だというのに、今でも焦っているときは、つい左手でお箸を持ちそうになる。そして、不甲斐なくて零《こぼ》した涙の行方を思いだす。あの涙は、決して無駄ではなかった。

今どきは「必死」とか「がむしゃら」なんて台詞は流行らないんだろう。幼さが残るみっつの横顔を眺めながら、ぼんやりと思いを馳《は》せる。

消えない痣

毒親
という言葉を知って
うちの親はこれだったんだ
納得した方は多いはず。
わたしもそのひとり。
ざらっとした違和感はこれかあ
ひどくさえない子ども時代で。。。
完璧✧な姉と比べられては怒鳴られる毎日。
居場所が無くて
家のなかはグレー一色。
でも、一歩外に出たらカラフルな世界
これを知っていたから負けずにすんだ。
自尊心を踏みにじられる環境だったのに
自信を持って前に進めたのは周りの大人のおかげ。
わたしはわたしのままでいい
人生はバラ色だとおしえてくれた
友人のお母さん
先生
ご近所さん
図書館の方
次はわたしが『周りの大人』になれたら。
あなたの人生はあなたのもの。

母

の口癖は「お父さんを怒らせないように」。

そんな言葉より、やみくもに怒られているわたしを、身を挺《てい》してとまでは言わないから、せめて一度でいいから本気でかばってほしかった。

父は、従順な姉に比べて強情なわたしの存在を、ひどく嫌っていた。強情のどこが悪いんだろう？　自由なだけなのに。

あれは中学生の頃。

好きなパンクバンドの髪型や服装の真似をしていたら、父から派手だと怒鳴られて、クローゼットにある洋服をハサミで切り刻まれてしまった。泣きじゃくって「やめて！」とすがれば満足したのかもしれないけれど、わたしはひどく冷静で。

洋服の跡形も無い布を踏みつけて得意気な父と「お父さんに謝りなさい！」と泣き叫ぶ母の姿が、世界で一番くだらない茶番に見えた。

両親は手をあげなかったので、顔や体に痣ができたことは無い。でも、言葉の暴力は心に痣を残す。いつまで経っても消えない痣を。

11月は児童虐待防止推進月間。

わたしの講演が1年で一番忙しい月でもある。振り上げた拳を止める力は持っていないけれど、つらい子どもの気持ちを知る大人として、どう寄り添えばいいのか少しはわかる。胸に刺さっている棘《とげ》を抜く術を伝えていきたい。

今もまだ

先日、長女と次女の最後の学費を払い終えてー
これだけあれば
キンチョー!
JAZZのライブに何回行けたことか
安心したのか力が抜けた。
ふらあ
～以前、長女が～
貸さないけど
クラスの子から5万貸してって言われたんだ
地方から出てきて一人暮らししててね、毎晩遊び歩いて学校に来ないんだ
来月返すあてがあるからって。。。
あて?
親に教科書代って言えばくれるって。うちと同じ母子家庭なのに
そんなことを言ってた。。。
どうかなさいました?
学費を払い終わったらホッとしてー
まだあと一人いた!!
わあっ
でしたらこちらをどうぞ
教育ローンのちらし
おー!!
まだまだ元気にがんばらなくっちゃ!!

お金に おもりでも
つけたい気分。。

その日の夜、一度も会ったことがない長女のクラスメイトの親御さんに思いを馳せた。裕福なご家庭もあるだろうけれど、このご時世、教育費の捻出に大変というご家庭だって多いはず。

わたしも今、学資保険に入っていてよかったと思う。22年前、生まれたばかりの小さくて柔らかな赤ちゃんは、ゆりかごの中で寝息をたてていた。心がじんわりと潤むような、穏やかで優しい寝息を。

こんなに小さな赤ちゃんが高校や大学に進学するなんて、あまりにも遠い未来で輪郭すらつかめなかったけれど、必要になるからと勧めてくれた保険会社の方には感謝の思いしかない。そのおかげで、子どもたちは3人とも希望通りの進学ができた。

それにしても学費の高いこと。まばたきをしているあいだに、お金がびゅんびゅんと羽が生えて飛んで行く。それでも、子どもから学びたいと言われたら、できる限りのサポートはしたいし、教科書代が必要だと言われたら、なんとしてでも渡すはず。それが、喧騒《けんそう》に消えていたと知ったら？

もしもわたしなら……。たぶん、怒りを通り越して、悲しいのか情けないのか言葉にできない涙をぼろぼろと流して、手でぬぐうんだろう。

ああ、今もまだ喉の奥に、苦くて硬いものが引っかかっている。

遠い冬の日

長女が生まれた年に
おもいきって大きなクリスマスツリーを購入☆
座布団サイズ
毎年ツリーの前で写真を撮るのが
たのしみで。
子どもたちが飾り付けをするようになると・・・
そこじゃない!!
食べるな!!
キャラクターだらけ
ぐっちゃり
猫も登る
ごっちゃり
わーん
お洒落《しゃれ》感ゼロ!!のツリーが完成✧
なぜかぶと?。
ちびたちと飾るのって大変
やれやれ
自分もちびなのに
これでサンタさん来てくれるね。うれしくって涙がでちゃうよ
今となってはわたしのほうが泣いちゃいそうだよ

カブトは
サンタさんへの
お土産とのこと。

クリスマスソングが聞こえてくると、こぞってツリーをださなくちゃと騒ぎ始める子どもたち。サンタクロースとトナカイは、ツリーを目印に夜空を飛び回っていると教えてくれたのは長女。飾り終わったあとは満足気に見上げ、サンタさん宛に手紙をしたためるのが12月の恒例行事。

　それなのに、いつしか飾らなくなり、ここ数年はわたしがひとりで出して、ひとりで飾るようになった。クリスマスが終わってもそのままで、大掃除のときに重い腰を上げて、片付けている。

　今年に至っては、飾るかどうかで悩んでいるところ。ツリーがあると、師走の部屋が華やかな雰囲気に満ちるけれど、気持ちは対照的で、なんだか冴えない。

　子どもたちが飾るオーナメントの色合いやバランスばかり気にしていたわたし。ばかみたい。洗練されたツリーは、街へ行けばどこでだって見られるのに。

　ベツレヘムの星の代わりに、新聞紙で折った不恰好なカブト。背が届かないせいで、ツリーの下半分だけ飾られていたオーナメント。笑っちゃうほどちぐはぐで、格好悪いツリーが、今となってはただ懐かしい。もう見られないと思うと、せつない想いに駆られて、たまらなくなる。

　迷ったけれど、やっぱり今年も飾ろう。遠い冬の日を思いだしながら。

紙に魔法を

顔の落書きは油性ペン;;

病

と闘った夫を見送ったあと、書くことも描くこともできなくなり、途方に暮れてしまった。筆も心も折れてしまい、話すことも食べることも眠ることも、そして、呼吸をすることさえおっくうでたまらない。このままそっと、泡のように消えられたらいいのに。

　枯渇《こかつ》していた心を鼓舞《こぶ》して潤わせてくれたのは、わたしをまっすぐに見つめる子どもたちの存在。この子たちが成人するまで、なんとしてでも頑張らなくちゃと自分を追い込み、奮い立たせた。

　それなのに、頭のなかが真っ白で、まったく描けない。幼い頃からペンと紙さえあれば、どんなところにだって自由自在に跳べたはずなのに。両手が包帯でぐるぐる巻きにされたように動かなくて、立ちすくむだけ。

　結局、テレビや講演会と、話す仕事を中心にシフトチェンジした。

　それでもやっぱりイラストやエッセイが大好きで、あきらめきれなくて。折れた筆の修復は、思っていたよりずっと時間がかかったので、こうして戻れた日々が夢のよう。

　わたしが綴るだけでは、ただの紙きれ。その紙に美しい魔法をかけて原稿にしてくれるのは、読んでくださるあなたがいてこそ。

　これからも四十肩を振り回して書き続けるので、伴走のほどをよろしくどうぞ。ありったけの感謝を込めて。

最後のツリー

去年までせっせと作っていたお節料理。
でも
子どもたちのお箸は進まないので
今年は作らないことに。
そのぶんの時間で
ゆったりまったり
お正月はお雑煮と普通の和食。
ごはんのあとはお待ちかねの
お年玉ー♡♡
末っ子は遠征で不在。
今春から上二人は社会人になるので
これが最後のお年玉だよ
おもいきって
フンパツ…。
こんなにもらえないよ～…
え～っ
と言いつつ財布の中へ。
サンタクロースの任務も
かなり楽しかったけれど
お年玉を渡す任務も
楽しませてもらったなぁ。

次女のポーチには
お年玉の袋。

これはお守り

なにごとも始まりがあるのなら、終わりがあって当然なんだろう。とは言え、ここのところ、なにげない暮らしのワンシーンから「最後」を突きつけられてばかりで、一抹《いちまつ》の寂しさを感じている。

結局、悩んだ末、去年はクリスマスツリーを飾らなかった。

収納部屋で静かに眠る木のおもちゃ、トナカイのぬいぐるみ、可愛い水着やベビー服。そして、もう開ける機会がないツリーの箱。ぼんやりと眺めていると、どこからか子どもたちの悪戯《いたずら》じみた笑い声が聞こえてくるような気がする。

最後のクリスマスツリー、最後のお節料理、そして、長女と次女に最後のお年玉。

クリスマスツリーを飾っていたのも、お節料理を作っていたのも、お年玉を渡していたのも、子どもの笑顔が見たいだけ。ただそれだけだった。小さなやわらかい手を繋いで動物園に行ったのも、プールへ通ったのも、公園ではしゃいだのも、あの日もあのときも、いつだってお目当ては喜ぶ顔。なぁんだ、20年以上も前からわたしは単純で、なにひとつ変わっていない。

「子ども」と書いているけれど、長女と次女は二十歳《はたち》を超えた成人なので、そう呼ぶのも最後かもしれない。

子育てには、いくつもの終わりがあるなんて。そして、こんなにもせつないなんて。

揺れる居心地

〜三姉妹の相関図〜
長女
good
三女
bad
次女
ある日のこと。
買い物をした三女。
ただいまー。
それをしまう次女。
てきぱき
ツナ缶どこだよ
缶なんて無かったし
この答え方もまた×××
この聞き方がもう×××
あっただろ？。
はあ？。
無いから。
黙ってレシートだせー!!
今テレビに育三郎がでてんの!!
うるさーい!!
ツナじゃなくてササミだろ!!
申し訳ありませんでしたっ!!
ドレッシングがバウンドして直撃!!
食べ物を粗末にするな!!
猫にやつあたりするな!!
どんな騒音でも動じないわたし。。。

ケンカ中の姿は恐竜そのもの

こ

このところ、ことあるごとに娘たちの巣立ちにふれる機会が多くて、感傷的になっていたのは事実。でも、ふと振り返ると、茶の間は闘技場のコロシアムのままだった。

「三人寄れば文殊《もんじゅ》の知恵」のはずが「女三人寄ればかしましい」だけ。すばらしい知恵がでるわけもなく、わが家の三姉妹は笑っちゃうほどやかましい。

戦いの火蓋《ひぶた》どころか、火種もあちらこちらにぶすぶすとくすぶっている模様。テレビのチャンネル権でケンカ、体が触れたといってはケンカ、お風呂に入る順番でケンカ。ケンカの火種って、こんなにちっぽけなことだった？　いったいどこから消火活動をしたらいいのかもわからなくて、すっかりお手上げ。

なんて言いつつ、終わらない口ゲンカに「うるさいなー」と、げんなりする反面「かわいいなー」と、ほくそ笑んでもいる。きょうだいゲンカを一度もした経験がないわたしには、言いたいことをぶつけ合える関係が羨ましくさえ思える。

幼さと生意気さと大人びたみっつの顔を持って過ごす思春期は、さぞかし大変なんだろう。部屋中に大声が響き渡るのも、きっとあと数年。心地よいのか悪いのかよくわからない、このぐらぐらと揺れる居心地をもう少しだけ堪能しよう。

感傷に浸るのは、まだ早い。

憧れの神様♪

父が帰ってくる音が聞こえるだけで、心臓が早くなる。

怒られる…

ドッドッドッ
がちゃ
毎日毎日怒られることに、疲れてしまった。

信頼していた先生は転勤してしまったし、友達のお母さんに相談して迷惑をかけるのも避けたい。

翌日、おもいきって担任の先生にうちあけた。

父から怒鳴られてつらいこと。母は父が怖くて助けてくれないことを。

先生は一言―

しつけのできるいいお父さんだな
伝え方が悪くてただの親子ゲンカだと思われた？

殴られた痕があればよかった？

入り口には迎えに来た両親の姿。

ああもうだめだ…

その日を境に、さらに怒鳴られた。『親に恥をかかせて…』という言葉が加わって。

こんな家にいたくない
逃げたいよ～

わたしはまだランドセルを背負う小さな子どもだった。

あの女の子も同じことを考えていたのかな。

SAXOPHONE COLOSSUS
SONNY ROLLINS
TOMMY FLANAGAN DOUG WATKINS MAX ROACH

15歳だった。

寮生活が始まる日、荷ほどきをしていたら、ほっとしたのか涙が零れた。これでもう両親の顔色をうかがわなくてもいいし、姉と比べられなくてもいい。

楽器とレコードとノイズがひどいオーディオだけの小さな部屋だけど、やっとたどり着いた大切な場所。部屋の目立つ場所にジャズのサックス奏者、ソニー・ロリンズのポスターを貼り、見上げて静かに祈る。

「わたしの憧れの神様、これからたくさんのことを知って学んで奏でるので、どうぞ見守ってください」

卒業までの3年間は、常に地上10センチを浮いているようで、あっという間に過ぎ去った。サックスプレイヤーになるという夢は叶わなかったけれど、宝物のような時間だった。

あれから30年という時が流れ、今もわたしの部屋の壁では、あのときの神様が見守っている。ずいぶんと色褪《あ》せたけれど、親から逃げて自由をつかんだ象徴に他ならない。

この世界には、闇雲《やみくも》に怒鳴られていい子どもも、殴られていい子どももいない。すべての子どもが自由をつかんでいい。

なにげなくまばたきをしているこの瞬間も、どこかで小さな子どもが泣いている。その泣き声に、きちんと耳を傾けられる大人でいたい。たったひとりでも本気で救おうとしたら、救える命があるはずだから。

※漫画内「あの女の子」＝2019年に千葉県野田市でおきた、小4女児虐待死事件の被害者。教師に助けを求め、児童相談所などが対応、保護したにもかかわらず、自宅に戻されたあと最悪の結果に。

ヘーゼルの花言葉

もう一度
会いたいなぁ。。。

腕

枕をしないと眠らない猫だった。

たった一度だけ、甘えて布団に入ってきた猫を床に下ろしたことがある。仕事が忙しく徹夜明けで、とにかくゆっくり眠りたかった。そのとき、わたしを見上げたヘーゼル色のまるい瞳が忘れられない。

家族として迎えたのは、11年前のうららかな春の昼下がり。

前の飼い主に虐待をされていたせいで、いつも部屋の片隅に怯えて隠れていた。環境が変わったこともあってか、おなかを壊してあちこちで粗相《そそう》をしてばかり。

そんなある日、長野に住む友人から立派な自然薯《じねんじょ》が届き、開けたままの箱を玄関に置いていたら、おがくずがちょうどよかったのか、トイレの代わりにされてしまった。「あ〜、やられた〜」とおでこに手を当てて苦笑いしたできごとが、今ではただ泣けてくる。

もっとなにかできたんじゃないかな。半年が経った今でも、深い後悔に飲み込まれそうになる。もっと抱っこすればよかった、もっと撫でればよかった、もっと……。

とめどなくあふれる「もっと」という言葉。そして、いつも床に下ろしたときの瞳を思いだしては、たまらなくなる。

ヘーゼルの花言葉は「なかなおり」。

ごめんね、あのとき。疲れていたなんて言い訳にならないけれど、どうか許してね。

あの遠い日

サッカーができなくて
いらついている三女。
リスフラン関節と診断。
サッカー歴10年。
物心ついたときはボールを蹴っていた。
チームで紅一点♡
弱音も吐かず、よく6年間続けたなぁ。
卒団式の晴れやかな表情は忘れられない。
そういえばあの頃、首をかしげることが多かった。
練習の帰り道、
全身泥だらけ
時々、痛いくらいに感じる視線。
気のせいかと思ったけれど、娘を見ている。
通りすがりの方のふんわりしたまなざしとは違って、
あら かわいい！
もっと深くて優しい。
足を止めてまでなんで見るの？
理由はわからないまま。
その視線の意味にようやく気がついた。

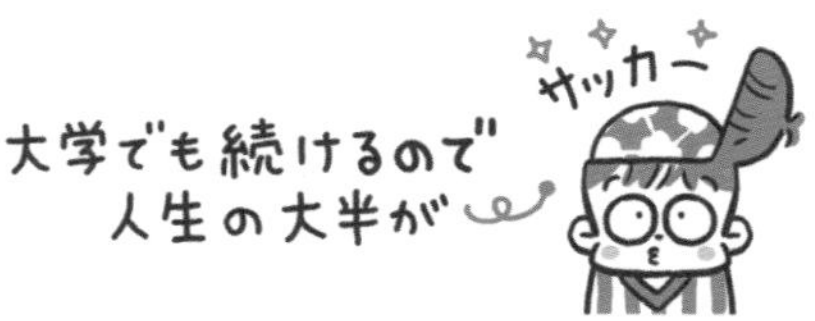
大学でも続けるので
人生の大半が
サッカー

タ

暮れ時、駅へ向かうと踏切警報機の音と共に遮断機が下りたので、その場に佇《たたず》む。

ふと、踏切の向こう側にいる男の子の姿が目に入った。娘が6年間着ていた地元のサッカーチームのユニホームをまとっている。まだ小学校の低学年くらいなのか、大きなユニホームの下で体が泳いでいるのが遠目でもわかるほど。

快速電車が通り過ぎて、遮断機がゆっくり上がり、日に焼けたその子がまっすぐ歩いて来た。体に似つかわしくない大きなリュックを背負い、手には水筒とサッカーボール。リュックの中身を知っている。着替えとタオルとお弁当と捕食、そして抱えきれない大きな夢。汗と涙と泥にまみれたユニフォームをいったい何度洗っただろう。サイズが小さくなって買い換えるたび、どうしてだか誇らしい気持ちになった。全部、昨日のできごとのように鮮やかに覚えている。気付いたら振り返って、その子の背中をいつまでも目で追っていた。

「つらいよね」「がんばって」「自分に負けないで」「いつか報われるよ」

実を結ぶ日が訪れるかどうかなんてだれにもわからないのに、無意識に励ます言葉が口から零れ落ちて驚いた。

あの遠い日、すれ違いざまに小さな娘を見つめていた方たちは、自分の子の姿を重ねていたのかもしれない。今のわたしのように。

シューカツ

いつだって自信家でガキ大将系の長女。
どぉーん!!
就活中
第一希望は新聞記者。
営業には向いてるけど執筆には向いてないよ
言ったら最後、10倍返し。
く〜〜!!?!!
春の筆記試験に落ち×××
私の生きる価値って
抜け殻
秋の筆記試験にも落ち×××
消えてしまいたい
抜け殻通りこしてゾンビ化
娘が弱っていく姿はけっこうしんどい
〜お正月〜
もう記者はあきらめて、内定もらっているところにしたら？
なんかちがう気がして…もう一社だけ挑戦する
…ゾンビ通りこして液状化
無事に採用。春からは商社マンに。
バリバリ働いて出世するぞ——!!
うぉーっ
一安心
ガキ大将に元どおり。

宣言通り
出世街道⇧
まっしぐら⇧

ふ

にゃっとしているわたしとは真逆で、灯台のように３６０度見渡しながら、てきぱきと無駄無く動く長女。アルバイト先では、学生なのに責任者のバッジを着けていたほど。てっきり、この調子で就職もすんなり決まると思いきや……。

長女から新聞記者になりたいと言われたときは、無茶だ無謀だと大反対。その結果、親子の間にどんよりと暗雲が垂れ込めてしまい、ひどく後悔もした。その職業に憧れを抱かせたのは、たぶんわたしだから。

新聞でエッセイの連載を始めたのは、もう20年以上も前のこと。それまでは、読者層のターゲットが絞られていた育児雑誌で仕事をしていたため、老若男女が目にする新聞という媒体に怖気《おじけ》づいたのは事実。それでも担当の方のサポートのおかげで、仕事の幅がぐんと広がり手応えも感じた。

記者の方は男女問わず、知識が豊富で魅力的な方ばかりだったので「新聞記者って素敵だよ」と、よく長女に話していた。娘が憧れるのも無理はない。

憧れの扉は残念ながら開かなかったけれど、別の扉から光が差し込んできた。ようやく長くて重い日々に決着がつき、あとは、ご縁があった会社の力になればと願っている。

就職で頭を抱えている方、就職は収まるところに収まるし、なるようになるので、どうか乗り切れますように。

凪いだひととき

今でも あの日を
思いだして
ひとりで にやにや

就

職が無事に決まった記念にと、長女が招待してくれたのは「超」が付く高級レストラン。娘の手前、スマートにふるまわなくちゃと意識をしすぎて、肝心な味はちんぷんかんぷん。

それでも、ほろ酔いでよく食べて、よく笑って、そしてよく喋った。あの嵐のような思春期と闘った日々が報われたような、そんな凪《な》いだひととき。

アルコールのせいか「そもそも思春期ってあったっけ?」なんて首を傾げてしまうほど。喉元過ぎればなんとやら。しんどかった思い出が色褪せて、こうして忘れていくのも悪くない。

ふと気づいたら、娘のほうがわたしの前を歩くようになっていた。風にひるがえるコートのデザインが綺麗だと思う。背筋を伸ばして歩く後ろ姿も綺麗だと思う。

最後に手を繋いだのは、小学校低学年の頃。横断歩道を渡る際、いつものように手を繋ごうとしたら「友達に見つかると恥ずかしいから、あの角を曲がるまでね!」と釘を刺されてしまって苦笑い。

こんなことなら、もっともっとあの小さな手を繋いでおけばよかった。

いつの間にこんなに大きくなったんだろう? うっかり涙ぐんでしまったので、あくびをするふりをしてごまかした。おかしいなぁ、泣き上戸じゃないはずなのに。

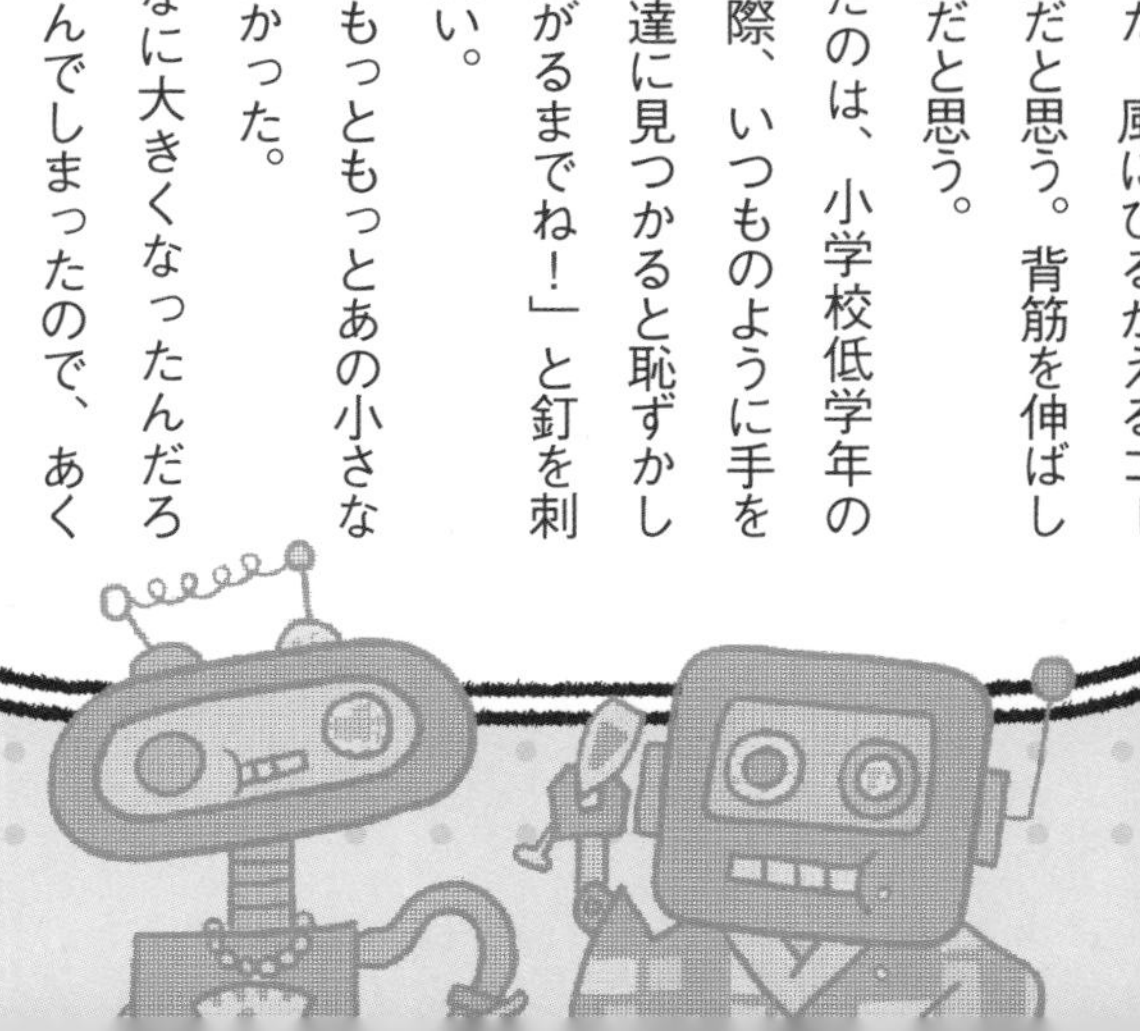

ラブレター

保育園で、変装をして一日参観という行事があった。
怪しい×××
一式貸してくれる
そこで知ったのは
保育士さんの大変さ。
体中に目。
危険リサーチ中
連絡帳を開くと、生き生きとした娘の姿が目に浮かぶ。
わたしももっとがんばろう!!
あるとき、三女を迎えに行くと—
見てください!! 今日、すっごくいいうんちしたんですよ!!
デジカメ
食事中の方ごめんなさい
ああ。。。ホントに子どもが好きなんだ。
こっちもよくて
全部
言葉は悪いけれど、しょせんは他人の子ども。それなのに、こんなに一喜一憂してくれるなんて。。。
卒園式。
保育士さんたちの号泣にもらい泣き
子どもたちを育ててくれてありがとう。
親のわたしも育ててくれてありがとう。

連絡帳は宝物に変身

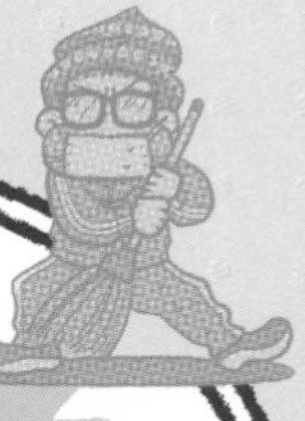

10

年以上も前の昔話。

打ち合わせの場所へ車で向かう途中、赤信号で止まると、散歩中の保育士さんたちが横断歩道を通った。子どもたちの安全を見守りながら、盾になって促す保育士さん。ひょこひょこと歩く園児はさながらカルガモのようで、その列に入園したばかりの三女の姿があった。

「保育園にいれるなんてかわいそう」という言葉を、いったい何度耳にしただろう。胸がぐらりと揺れた日もあったけれど、目の前を歩く子どもたちに、かわいそうなんて言葉は当てはまらない。みんな、一様に弾けるような笑顔だったから。

散歩中の園児が事故に巻き込まれる傷ましい事故があった※。胸が張り裂けそうな思いを抱えている方が、今も大勢いらっしゃるはず。事故とは別の日のストリートビューに映る保育士さんたちは、赤信号で待つ際、車道からできるだけ離れた場所で、盾のように園児を囲んで立っていた。まるで、大切な宝物でも守るように。その姿は、いつかの横断歩道を渡る保育士さんと重なる。
この漫画はきっと、保育士さんへ向けたラブレター。
子どもたちの土台を築き、未来へ繋げてくださるすべての保育士さんと保育園関係者の方へ感謝と敬意を込めて。どうかひとりでも多くの方に届きますように。

※ 2019 年、滋賀県大津市の交差点で車同士がぶつかり、巻き添えで散歩中の保育園児 2 人が死亡、保育士を含む 14 人が重軽傷を負った。

優しい色の花

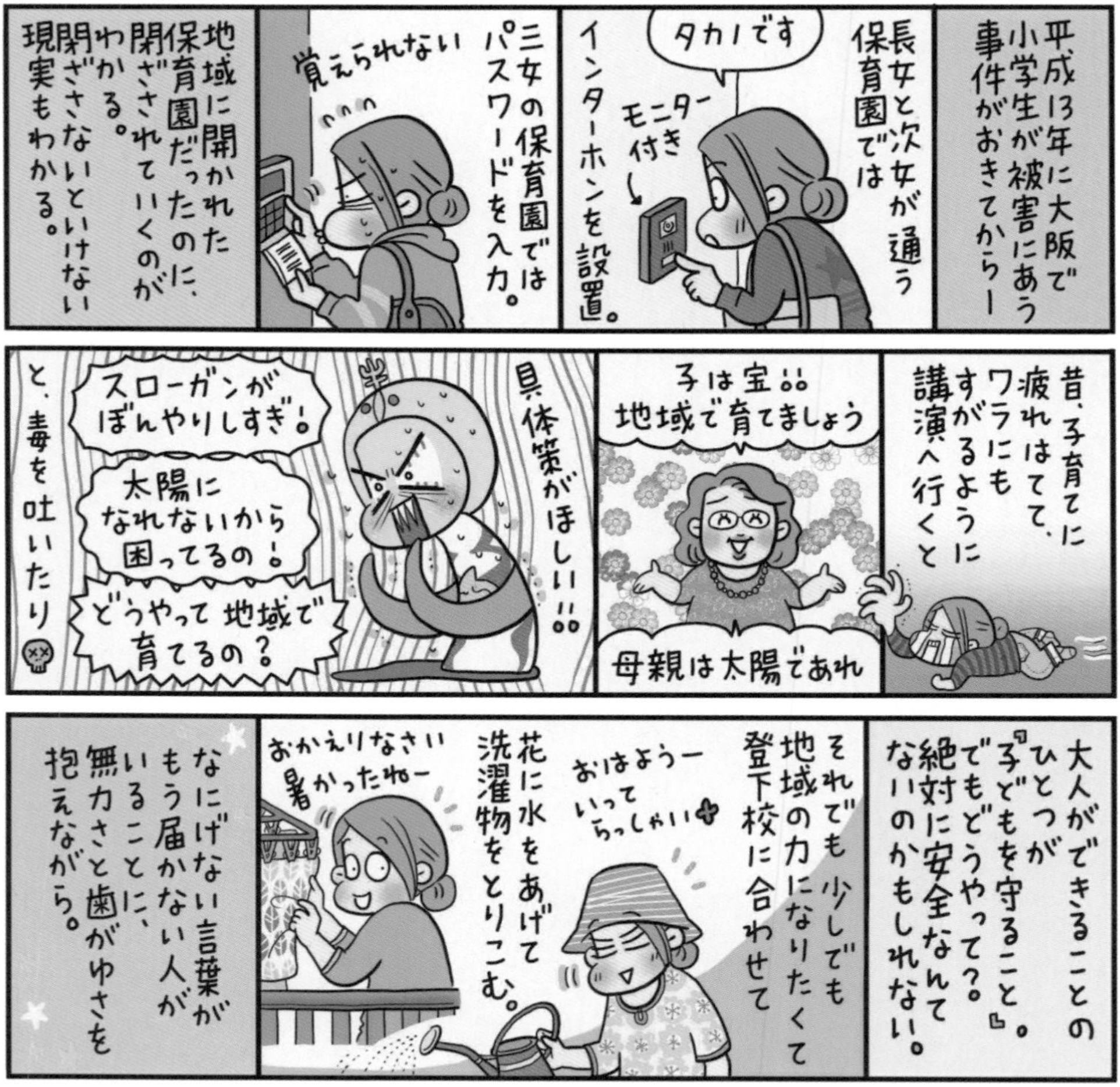
平成13年に大阪で小学生が被害にあう事件がおきてからー
長女と次女が通う保育園では
タカノです
モニター付き
インターホンを設置。
三女の保育園ではパスワードを入力。
覚えられない
地域に開かれた保育園だったのに、閉ざされていくのがわかる。閉ざさないといけない現実もわかる。
昔、子育てに疲れはてて、ワラにもすがるように講演へ行くと
子は宝 地域で育てましょう
母親は太陽であれ
具体策がほしい!!
スローガンがぼんやりしすぎ!
太陽になれないから困ってるの!
どうやって地域で育てるの?
と、毒を吐いたり
大人ができることのひとつが『子どもを守ること』。でもどうやって? 絶対に安全なんてないのかもしれない。
それでも少しでも地域の力になりたくて登下校に合わせて
おはようー いってらっしゃい
花に水をあげて洗濯物をとりこむ。
おかえりなさい 暑かったねー
なにげない言葉がもう届かない人がいることに、無力さと歯がゆさを抱えながら。

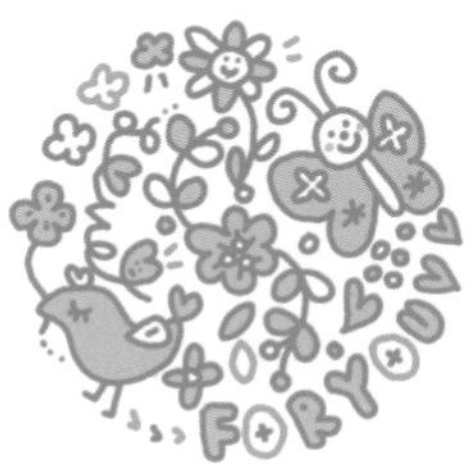
FOR YOU

ふたまたに分かれた道の中にある二等辺三角形の公園を、地元の人は親しみを込めて三角公園と呼んでいた。決して広いわけでもなく、めずらしい遊具があるわけでもない平凡な公園だけど、のんびりとした雰囲気が好きで、幼い娘たちを自転車の前と後ろに乗せて、よく通った。

春は桜が咲き誇り、夏はやぐらが建つ。提灯のあかりに照らされて無邪気に踊る大勢の子どもたちの笑顔を眺めながら、穏やかな地域で子育てをしている日々に感謝をした。

1年ほど住み、長女が小学生になるのを機に引っ越しをしたため、それ以来、その公園に行く機会はなくなった。

「三角公園？」と口にだしたのは、実に17年ぶり。家事をしながら情報番組をぼんやりと眺めていると、よく知る風景が映しだされた。そのバス停やスクールバスを知っている。その学校も知っている。

目と耳に飛び込む悲惨な事件が、懐かしい風景と重なり合わなくて、焦りだけが募る。いったいなにがあったの？　どうしてそんなことがおきたの？

どこにでもある朝のなにげない日常が、一瞬にして崩れてしまうなんて。足繁く通った公園のすぐ前で、悲しくてむごい殺傷事件がおきてしまった※。

花をたむけに行こう。それしかできないけれど、優しい色の花を買おう。

※ 2019 年、神奈川県川崎市でおきた無差別殺傷事件。私立小学校のスクールバスを待つ児童や保護者が男に襲撃され、6 年生の児童と、娘を送りに来た父親が死亡、10 数人が重軽傷を負った。犯人は現場近くで自殺した。

「母の日」は

踊りは天性かも

恥

ずかしながら、わたしは家事全般が苦手。煮物の味は日替わりだし、後世に伝えられるような秘伝のレシピも持っていない。掃除もそう。四角い部屋を丸く掃くので、西部劇で見るタンブルウィードのような猫の毛が転がっているけれど、薄目で見て見ないふり。

裁縫もしかり。長女が中学生の頃、夜鍋をする勢いで水着にゼッケンを縫い付けた。縫い目はがたがただけど、大満足（少なくともわたしは）。

ああ、それなのに。

娘が学校から鬼のような形相で帰ってきた。どうやら、おなか側と背中側を重ねてゼッケンを縫ってしまったらしい。たのしみにしていた水泳の授業が見学になったと聞き、力無く謝るだけ。

この話は職員室内でちょっとした事件になったらしく、次女と三女のゼッケンは、家庭科の先生が縫ってくださった。

先日、駅前で当時の先生に偶然お会いしたら、懐かしそうにゼッケンの話をされて、恥ずかしいやら申し訳ないやら。別れ際に手を振りながら先生が一言「あれは伝説ですよ！」と。ケースファイルからレジェンドへ昇格。はたしていいのか悪いのか。

毎年訪れる「母の日」は、不甲斐ないわたしをお母さんと呼んでくれる子どもたちに感謝をする日だと思う。わが家の場合はね。

自分の体ありき

人間ドックで受診後病院から電話。
大至急精密検査をしてください
いつもは郵送なのに
はっはい!!
大至急ですよ
『大至急』というワードが2回も!!
わたしは30代で夫を亡くしたので死生観が達観しているのかな。
流れに身を任せよう
なんて思っていたくせに…
精密検査当日ー
真っ青よ大丈夫!?
達観の真逆
いつも青白いのに、背景が透けるほど人騒がせな顔色。
検査から結果を聞くまでのあいだ、いつでもどこでもその病名が3Dで見えるように×××
がん
癌
結果は良性で経過観察。
はあ ああ
がんサバイバーの友人が口をそろえて言う言葉
早期発見!早期治療!
そうそう
もっと自分の体を大事にしなくっちゃ。
病院の帰り、釣具屋さんへ。
新しいウエーダー
偏光グラスも
大事にするというよりただの散財かも

家族を喪《うしな》ったあとの心理的なプロセスを、グリーフワークと呼ぶ。グリーフケアカウンセラーの本で、この文章に出会った。

〝親を亡くすのは自分の過去を失うこと
配偶者を亡くすのは自分の現在を失うこと
子どもを亡くすのは自分の未来を失うこと
友人を亡くすのは自分の一部を失うこと〟

現在を失ったわたしは、どこを目指して歩けばいいんだろう。悩んで迷って探しながら、なんとか前に歩いて来たけれど、いつからか生きることをたやすく考えていた。

定期的に受けていた人間ドックなのに、日々の慌ただしさから後回しにしてしまい、3年もあいたことを悔やんでいる。育児中は、つい子どもを優先してしまいがちだけど、まずは自分の体ありき。

子どもたちは大きくなったし、もうわたしは必要ないのかなと肩を落とした日もあったけれど、今また人生が面白くなってきたし、現在を取り戻しているところ。観たい映画や聴きたい音楽がたくさんあるし、行きたい国や釣りたい魚だってたくさんある。

このページをご覧になっているあなた、しばらく健診に行っていないのなら、家族や友人、そしてなにより自分のために病院へ足を運んでください。「時間が無い」や「忙しいから」は、勝手ながらNGワードとさせていただきます。

金塊が変身

今春から社会人。
長女
次女
23歳
20歳
自宅通勤なので、二人から生活費をいただくことに。
かっかっかー
気分は年貢米を納めてもらう幕府。
今までかかった教育費の回収だ
なんて思っていたのにいざ受けとるとー
しんみり
まずは夫の仏壇に。
ちーん
満員電車に揺られている姿を思うだけでぐっとくるのに、働いているなんて。
怒られてないかな。泣いていないかな。
↑娘
言っとくけど平均身長よりデカいから
きっぱり
どんなに怒られても会社では泣かない!!泣いてる時間もお給料が発生しているからね
怒られてもすぐに忘れちゃう
のほほ〜ん
それでいいのか
わたしのなかでは小さなままだけど
もうしっかりとした大人なのね。

元気で
いてくれるだけで
充分♡♡♡

娘

たちからいただくお金が、ありがたくて使えそうもないと友人に話すと、たかだか光熱費の折半くらいで？と、笑われてしまった。金額だけ見ると「たかだか」かもしれない。でも、わたしにとっては海底で見つけた金塊のような、なにものにも代え難い価値がある。

お給料日、お金の入った封筒を仰々しく頂いたあとは仏壇へ。泣いてばかりいた子どもたちが、働いてお給料を頂いて、こうして渡してくれる日が訪れるなんて。おりんの澄んだ音色に耳を傾けながら、しんみり。

できることなら全額貯金して、いつか娘が家を出るときに渡すのが理想だけれど、そんな余裕はなさそう。ありがたく生活費に使わせてもらうね。長女にそう伝えると、一瞬困った顔をしたあと「そういうんじゃなくて、お母さんの好きなことに使ってほしい」と言われた。

わたしの好きなこと？　ずっと使い道を考えて、ようやく決まった。

10年ぶりに新しい自転車を買おう。夏の風と匂いを全身で感じながら、川べりをびゅんびゅん走ろう。

あの遠い日、自転車の前後に子どもたちを乗せて走った道を、今度はひとりで走る。ペダルを漕《こ》ぐたび、子どもの成長がうれしくて、にやけてしまうかも。金塊が自転車に変身する日はもうすぐ。

更年期劇場開幕

45歳を超えた頃から同世代の友人に変化が。
老眼…
白髪〜
イライラ
汗だく〜
肌が乾燥×××
前向きにとらえようと、みんなで『更年期劇場』と呼ぶことに。
一方、なかなか症状がでないわたし。
パガーッ!!
白髪2〜3本
目もぱっちり
肌てかてか
イライラしない
汗をかかない
新陳代謝悪いだけ
このまま軽いと いいな
なんてのんきに思っていたら
突然来た!! 甲冑(かっちゅう)でもまとっているかのように
体が重くて起きられない。
油断大敵
ずしっ
このまま深い海に沈みそう×××
更年期?
自分で自分を更年期って言うのはいいけれど
子どもに言われるとすごくイヤ!!
支離滅裂
やめて〜!!
どうなることやら

梅雨時は絶不調

目

覚めた10秒後に、てきぱきと身支度ができたのは昔の話。今はもう目覚めは悪いし、だるいし眠いし、集中力だってままならない（イライラ度10％）。

足元には、娘たちが脱ぎ散らかした洋服や靴下が点々と落ちている。ヘンゼルとグレーテルの小石みたいと、くすくす笑いながら拾い集めていたのが嘘のよう。とにかく不快でたまらない（イライラ度30％）。

思春期でしんどいのはわかる。でも、ちょっとした注意で仏頂面になられると、こちらだってしんどい（イライラ度50％）。

雨が降ると頭がずきずきと痛むし、布団は干せないし、夕方から一気に視力が落ちる。

ああ、もうなにもかもいや。梅雨のばか（イライラ度計測不可能）！

イギリスを旅していた20代の頃、連日、空は曇りか雨模様。これじゃ観光が満足にできないと、ユースホステルのオーナーにぼやいたら「Good weather for ducks」（アヒルにとっては良い天気）とウインクされた。それ以来、雨の日はアヒルがはしゃぐ姿を思い浮かべて愉しむように。

けれど、前言撤回。今のわたしは雨が恨めしいだけ。

やることなすことイライラつく姿は、野生のクマみたい。それも、餌を求めて人里に下りた、厄介な野生のヒグマ。麻酔銃を撃たれる前に、婦人科の門を叩いてみようかしら。

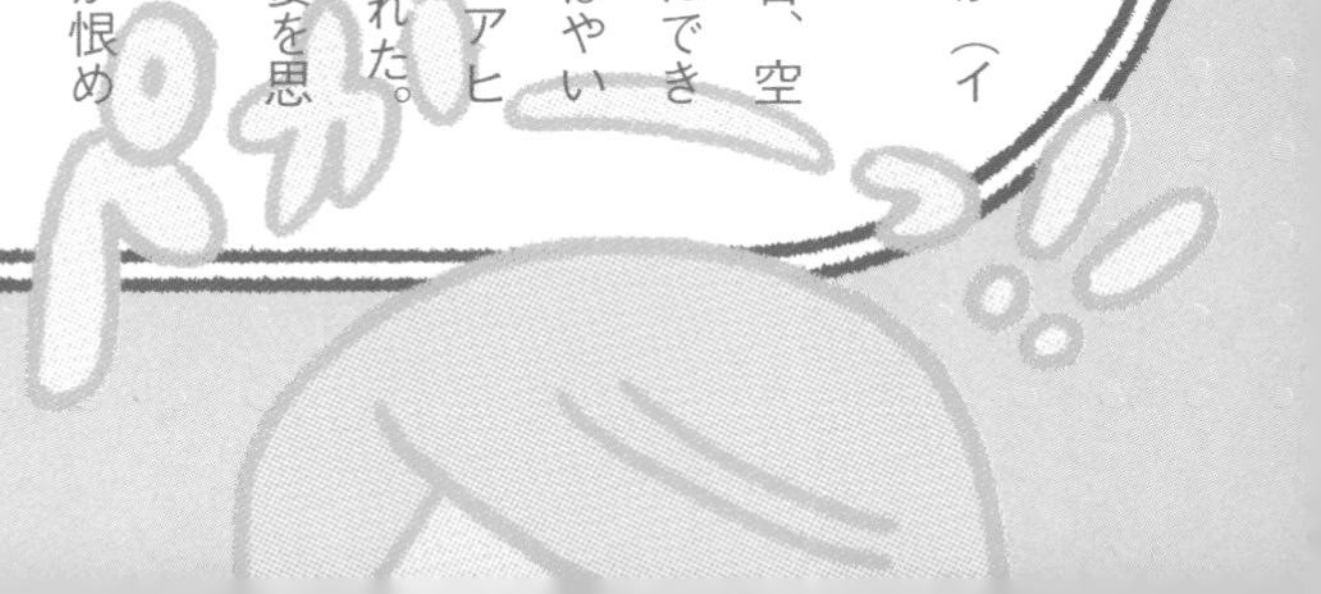

子育ては

札幌から友人が遊びに来てくれた☺
親子二人で暮らしていたけれど
今春から息子さんが進学で九州へ。
わあああっ
空っぽになった子ども部屋で、泣いてばかりとのこと。
空の巣症候群みたい。
わが家に到着。
靴が多くていいなあ
靴を見て泣き、
洗濯物が多くていいなあ
洗濯物を見て泣く。
小言ばかりの毎日だけど、
開けたら閉めて!!
靴はしまう!!
ゴミはゴミ箱!!
注意のレベルが低すぎ×××
いつかは懐かしくなるのかな。
このやかましいケンカも

お小言怪獣
すっかり
おきにいり♡

「母親は、子どもに去られるために、そこにいなければならない」

子育てに迷ったときは、きまって心理学者のエルナ・フルマンの言葉を思いだす。

子どもたちが赤ちゃんの頃は、早く大きくならないかなぁと、そればかりを考えていた。どんな話をするの？　どんな歌を口ずさむの？　どんなふうに笑うの？

あれはまだ幼い長女と川べりを散歩していたときのこと。三輪車を漕ぐ娘の横を歩きながら、腕を高く空に伸ばして「いい天気だねぇ」と、ひとりごとを呟くと、こちらを見上げた娘がにっこりと笑いながら「ねぇ」と言った。たまたま語尾を真似しただけなのに、はじめて会話を交わしたようで、驚くやら嬉しいやら。

「いい風が吹いているねぇ」「ねぇ」「散歩は気持ちいいねぇ」「ねぇ」

いつまでも続くたわいないおしゃべり。いつしか子どもたちは大きく育ち、話すことも歌うことも、そして笑うことも当たり前だと思うようになった。

そんなときに、ふと思いだす冒頭の言葉。家を去る日はそう遠くないはず。もう一度、成長のひとつひとつを噛みしめよう。

玄関に無造作に脱ぎ捨ててある、わたしの靴より大きな靴。今日だけは、小言を言わずに片付けようか。

揺れる

前回、息子さんが進学で家を出たため、
一人暮らしになった友人の話をご紹介。
ふえ〜〜〜ん
さみしい〜
たすけて〜
わが家で過ごして心機一転!!
新しくペットを迎えたとのこと。
一緒にごはんを食べるのが楽しくって♥
口が小さいから全部小さくして食べさせるの
もう大変
相棒は犬?
ううん
グリーンイグアナ
命名キミドリ
待ってなにその高いハードル
たしかに黄緑色。
会いに来てと誘われているけれど
うろこのある爬虫類は苦手かも×××
好きな方、ごめんなさい
キミドリのために頑張るから!!
ねー♥
まだ会ったことのないキミドリちゃん。
大切な友人にパワーをありがとう。
いつか好物を持って遊びに行くからね♡

成長がいまひとつ謎???

講演会ではいつも「子育てのゴールは子どもの自立」なんて話していたけれど、本当にそうなのかよくわからなくなってきた。

　空の巣症候群で悩む友人に、励ましや慰めの言葉を伝えたいのに、気の利いた言葉はなにひとつでてこなくて、喉の奥がひりひりと痛むだけ。今まで、たくさんの悩みを笑ったり泣いたりして乗り越えてきたけれど、こんなにせつない悩みがあるなんて、思いもしなかった。

　一目散に目指していたゴールのはずなのに、いざゴールテープを切ったあとは、胸が潰されるほど苦しくてたまらない。本来なら喜ばしいはずのゴールテープが、なんだか少しだけ恨めしい。

　子育ては、いつだって見送ってばかり。

　補助輪が取れた自転車を颯爽《さっそう》と乗りこなす姿を見送り、ランドセルを背負って跳ぶように歩く背中を見送り、時が流れた今では、スーツをまとう後ろ姿を見送っている。重そうなブリーフケースに、すっかり履きこなしているローヒールのパンプス。こうして手を振るなにげない日常が、いつの日か、夢のようだったと懐かしむのかもしれない。

　子育てってなんだろう？　親って、いったいなんだろう？

　しっかりと立っていたはずなのに、どうしてか足元が心細く揺れている。

世界はきっと

小さな釣り友達は
いつしか
大きな釣り友達に

「俺、

学校に行けないんだ。行こうとするとおなかが痛くなっちゃう」「そっかぁ」

かすれた声で、行けなくなった理由を淡々と話す男の子。

三女が中学生のとき、些細《ささい》なことからトラブルに発展してしまい、泣き明かして顔が腫れたことがある。学校に行きたがらないので、「じゃ、お母さんも仕事サボっちゃおう。ナイショだよ！」と、わざとおどけて欠席の連絡をした（先生ごめんなさい）。

そのあとは温泉でのんびりして、サッカーチームで禁止されているジャンクフードを、ここぞとばかりに、おなかいっぱい食べさせた（監督ごめんなさい）。

気がすんだのか、翌朝はいつも通り学校へ。長い人生のたかだか数日と割り切りながらも、休ませていいのかどうか、わからなかった。分岐点を突き付けられたようで、かなり迷ったのも事実。

語弊があるかもしれないけれど、もっと気楽に、もっと気軽に「うちの子、不登校でね」と言える社会になったらいいのに。聞いた側も責めずに、相手の言葉を真摯《しんし》に受け止める。そうしたら、もっと多くの突破口や選択肢が見つかるはず。

男の子に伝えた。「今いる世界は釣り堀のようなもの。世界は海のように広いよ」と。抽象的で気恥ずかしかったけれど、日に焼けた顔でにっこりと笑ったから良しとしよう。

七年越しの

長女
謝らなくちゃいけないことがあるんだ
やだ!? なに!?
高2のとき
〜三者面談当日〜
ちゃんと着物で来てよ!!
わかってるよ
締め切り〜
かちん
お待たせ〜
なんで着物じゃないの!?
恥ずかしくて誰にも紹介できない!!
ぎりぎりまで仕事で
今思えば幼かったなって
ごめんね
実はわたしは覚えていない
長女の暴言に慣れて鈍感になっていたのか、
それとも…
△馬の耳に念仏
▼母の耳に暴言
着物だと自慢なのね
と楽観的だったのかな。

カーテンかっ!!
怒られたことも×××

もしもあなたが、家族や周りの方からひどい言葉を投げかけられて、深く傷ついているとしたら。

言われた側は、いつまでも抜けない棘の痛みをちくちくと感じるけれど、言った側もまた棘を刺した罪悪感から、鈍い痛みを引きずっているのかもしれない。

それは、七年越しの「ごめんなさい」。

切り出すのに、こんなに時間がかかったなんて。ただ単に忘れていただけかもしれないけれど、それでも胸の奥にずっと引っかかっていたんだろう。もういいよ。その棘はそっと抜いていいよ。

普段、自分が発する言葉には、できるだけ気をつけるようにしている。出会ってくれた方たちには、やわらかくて優しい言葉を伝えていきたいし、子どもたちも丁寧な言葉を紡ぐ人に育ってほしい。

それなのに、思春期の娘の口から出る罵詈《ばり》雑言《ぞうごん》に、大人げなく応戦してしまうときがある。まさに、売り言葉に買い言葉。言い過ぎたあとに胸に残るのは、いつだって重苦しい後悔だけなのに。

夜中、子ども部屋の扉をそっと開けて、寝顔を眺める。赤ちゃんのときと変わらない寝顔に、おもわず頬が緩む。

わたしのほうこそ、謝らなくちゃいけない言葉が、きっとあるはず。覚えていないなんて、ずるいよね。

ガレキじゃない

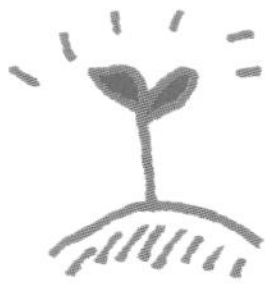

川から徒歩1分のわが家。
川べりから眺める朝焼けや夕焼け
星空が大好きなのに…。
今回、自然災害の怖さを痛感。
自然は美しいのにこんなにも厳しい。
近所の友人宅は床上浸水がひどくて
連日、泥かきのお手伝い。
泥って重くて硬い!!
はひーっ
昨日まで大切に使っていたものを
今日は手放さないといけないなんて。
わが家は、大切に育てていたミモザが折れてしまった。
うひぃ
虫苦手××
この2年間、害虫に泣いてようやく来春には咲き誇るかと思っていただけに残念。
いつかまた咲きますように。
そして、被害に遭われた方たちが一日も早くもとどおりの生活に戻れますように。。。

おかげさまで
ミモザ復活

長女は高校生の頃、担任の先生の呼びかけで、毎週末、被災地へボランティアとして通っていた。

アルバイトで貯めたお金は、福島へ向かう夜行バス代に消える。買いたいものだってあったはずなのに。

あるとき、ニュースを見ながら「ガレキがひどいね」と呟いたら「そう呼ぶとゴミみたいだから、被災家財とか違う言い方をしてくれない？」と、長女からぴしゃりと窘められた。確かにそう。だれかの愛しい思い出が詰まった品物だもの、ガレキじゃないよね。

洪水ハザードマップでは、真っ赤に染まっているわが家。先日あった台風では浸水を覚悟して、丘の上に建つ友人宅で車を預かってもらっていたほど。今回は被害を免れただけで、次はどうなるかわからない。

川を恨む日があるのに、表現しがたい色で空と川が染まる壮大な景色を目にするたび、やっぱりこの地が好きだと揺らぐ。

浸水被害に遭った友人が「これもゴミに出して」と持って来たのは、もとの色がわからないほど泥で汚れたランドセル。友人のお子さんが、このランドセルを背負っていた姿を覚えている。

ゴミでもガレキでもないよ。それは、6年間、子どもを見守って、励ましてくれた淡い桜色のランドセル。できるだけ綺麗に拭いてからお別れをしよう。

きょうだい

神様仏様。
わたしが『きょうだいゲンカ』と呼んでいたのはただの激しいじゃれ合いでした。
長女VS次女
だいたいがこのパターン。
圧倒的に長女の勝ち。
令和元年、正真正銘の
長女VS三女
ケンカ勃発
もっと家の事をやりなさい!! サッカーで疲れてもプロじゃないんだから
命かけて戦ったことがない人に偉そうなこと言われたくない!!
避難→
仲裁↓
料理↓
サッカーは遊びじゃない。ずっと苦しい!!
蹴るのはボールだけにしてー!!
一瞬で破壊→
疲れたときは甘いもの
はい♡
どうぞ
小休止
今も冷戦状態は続いたまま×××

冷戦はその後
1ヶ月も
続きました。。。

おろおろと仲裁をしながらも、頭に浮かんだ言葉はただひとつ。「わたしも、一度でいいからきょうだいゲンカをしてみたかったなぁ」

この日、長女からどんなことを言われても言い返さず黙っていた三女が、初めて自分の思いの丈を正面からぶつけた。そんなしんどい気持ちを抱えていたのに、気づいてあげられなくてごめんね。胸の奥でそっと呟く。

お互いの言葉は乱暴で、決して褒められたものではないけれど、あまりにもストレートで眩しくさえ感じる。なんだか、くらくらと目眩《めまい》がしそうなほど。いいなぁ、きょうだいって。いいなぁ、きょうだいゲンカって。

講演会やサイン会に来てくださるお客さまに、姉妹率は結構高い。姿かたちがそんなに似ていなくても、まとう雰囲気や声質がそっくりなので、すぐに気が付く。

「仲が良くていいですね」と声をかけると、百発百中で「昔はケンカばかりだったんですよ！」「ねー！」と返ってくる。そう話すときの笑顔が素敵で、はしゃいで帰る姉妹の後ろ姿は微笑ましい。今はヘビ（長女）とプレーリードッグ（次女）とマングース（三女）のような三姉妹だけど、いつかあんなふうに成長してくれるといいなぁ。

そしていつか「昔はケンカばかりしていたよね！」と笑い話になりますように。その前に、まずは壊れた扇風機を直さなくっちゃ。

親だからこそ

11月は虐待防止月間。
実の親なのに
次女
どうして虐待なんてするのかな
『実の親だからだよ』と、心でつぶやく。
他人の子どもに暴力をふるったり暴言を吐いたりすれば事件になるけれど、
自分の子どもならしつけと称して世間をごまかせるし自分の子どもを所有物だと勘違いしているから。
『サバイバー』は
Survivor
つらい出来事から生き延びた人。
サバイブ（生き残る）
『スライバー』は
thriver
自分の人生を一歩踏み出した人。
スライブ（成長する）
世界でたった一人の自分の人生。
親を憎み、恨む時間がもったいない。
わたしはスライバーになりたい。
そして、サバイバーの方の手をとって一緒に前へ進みたい。
人はみんなしあわせになるために生きている。

エネルギーを注ぎすぎて
描いた後はダウン⇩⇩⇩

大人になった今でも、心の底から両親に感謝ができない。清潔な環境で育ったこと、金銭面で苦労をしなかったことを、ありがたいとは思う。でも、ただそれだけ。感謝と呼ぶには、あまりにも薄くて浅すぎる。

父の訃報を聞いたとき「ああ、もう怒鳴られなくてすむ」と、悲しみより先に安堵で胸がいっぱいになった。怒鳴られて震えて過ごしたのは、遥か遠い昔の話だというのに。

せめて一瞬だけでもたのしかった記憶を探そうと瞼《まぶた》を閉じても、浮かぶのは真っ赤な顔で怒鳴り散らす父と、父の顔色を気にしながら加勢して、わたしを罵《ののし》る母の姿だけ。姉はかばうこともなく、わたしが怒鳴られているあいだ、自分の部屋から出てこなかった。家族の団欒《だんらん》はどこにも無い。そもそも、団欒なんて知らないまま大きくなった。

わたしにとっての家族は、亡夫と3人の娘たち。そして、虹の橋を渡った猫と、膝の上で寝息をたてている猫だけ。夢でしか会えない家族と、そばにいてくれる家族を精一杯大事にしようと誓っている。

「親だから」子どもになにをしてもいいわけではない。

「親だからこそ」子どもとの関係を丁寧に紡いでいくべきだ。

それが、反面教師の両親から学んだ唯一の悲しくて正しい教訓。

心から花束を

なーちゃん
次女は学童保育支援員
一緒にいたお母さんが
うちの子すっごい人見知りで
学童をいやがってて
でも、なーちゃんがいるなら行きたいって
ありがとうございます♥
なんて言ったらいいかわからなくて、ただもじもじするだけ。
いえいえとんでもない。
女の子と娘を重ねる。
娘も学童保育にお世話になった。
行きたがらないで涙ぐむ日もあれば、
楽しそうに笑う日も。
たくさんの経験をさせてもらい、仕事を持つ身としては
感謝
どんなにありがたかったか。
山形県
先日、学童支援員さんの前で講演をさせていただく機会が。
娘たちを育ててくれた学童保育へ恩返しができたようでうれしくて♥♥♥
親ができることなんてほんの少し。

全国の学童支援員のみなさまへ♡♡♡

どうぞ

で

きないことが多くて、わたしの後ろに隠れて泣いていた次女は、いつしか自分の足で立っていた。学童に来る子どもたちからもらう手紙や絵を、宝物のようにわたしに見せる。そのたびに瞼が熱くなり、泣きそうになるのはどうして？

娘が乳児の頃、筋力が弱いため療育センターへ通っていた。普段、人前では絶対に泣かないと決めていたくせに、リハビリから家へ帰るときだけは、眠る娘を抱きながら止まらない涙をぬぐう。先がまったく見えなくて、不安ばかりが募り、どうしていいかわからなかった。

「抱っこばかりじゃだめよ、歩かせないと！」「ベビーカーはお母さんが楽だけど、お子さんは歩きたいわよ！」

通りすがりの方の悪気の無い言葉に、いちいち過剰に反応しては落ち込む。

「この子、歩けないんです」。言葉を胸の中で静かに呟き、曖昧《あいまい》に微笑んでその場を立ち去っていた。

今でもあの道を通ると、出口が見えなくて色褪せた日々を思いだす。あの日から20年が経ち、目に映るすべてが色鮮やかで、ときに眩《まばゆ》い。その眩さを知るたび、わたし一人の力では、ここまで育てられなかったと思う。

社会人として育ててくださっているスタッフの方、保護者のみなさま、娘を慕ってくれる子どもたちに心から花束を。

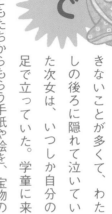

思春期のぶり返し

化石のボヤき。

い

つだったか、会社員の友人がこぼしていた。「イマドキの新入社員は、仕事と私事をきっちり分けていて、歓迎会に出ないんだよ」と。そんなことがあるの？　と目を丸くした数年後、まさか自分の娘からその台詞を聞くなんて。

わたしはデザイン事務所の新入社員だった頃、飲み会には飛び上がる勢いで参加していた。なんてったって、ふたつの贅沢がそこにはあるから。

ひとつは、憧れのアートディレクターやグラフィックデザイナーの話を直々に聞けること。これはもう絶好のチャンス到来。

もうひとつは、自分のお財布では到底行けないお店に行けること。嬉しくてたのしくて美味しくて。仕事はイマイチだけど、食べっぷりだけは最高だと褒められていた。

人の話を聞くのが好きなのは昔から。学校では、暇さえあれば職員室で先生の武勇伝に耳を傾けていたので、いつしかわたしの椅子と机が用意されていたほど。

忘年会をおっくうがる娘に、結局は人と人なんだからコミュニケーションは大切だよと諭すと「出た、昭和の飲みニケーション！　営業経験が無いお母さんにはわかんないから！」と一刀両断。

ふうむ、新入社員はかなり厄介。上司はさぞかし大変なはず。まるで、思春期のぶり返しみたい。

ぶはっ

ばんそうこう

長女の子育ては
壮絶
の一言。
①なかなか寝ない…
②やっと眠りについたので
③そっと布団に寝かせると
④後頭部にセンサーでもあるのか、①に戻る。
疲れて汗だらけで
深夜3時
就寝
だっこじゃないと眠らない
夢はただひとつ。横になって眠りたい…
保育園に入園後も暴れっぷりは止まらなくて。
うぎゃ〜〜!!
いつでもどこでも叫びながら回る。
気分は犬の訓練士。
こらっ!!
かまない
がるるる
保育士さんからも怒られてばかり。
そのうちちゃんと落ち着くよ
大丈夫
そんな日が来るのかな
その一言でどれだけ救われたことか。

妖怪期が長かった長女。

子どもが幼い頃はご近所さんだったのに、お互いが遠く離れた場所へ引っ越して、いつしか年賀状だけのやりとりになっていた。先日、久しぶりに会って、まずはそれぞれの近況報告を。

「そっちはどう?」と聞かれて「親ばかだけど、トンビが鷹どころかコンドルを産んじゃった感じ。いい子に育ってくれたよ」。そう応えると「昔からいい子だったじゃない」と笑ってくれた。優しいひとは、年月が経っても優しいまま。

長女は決して「いい子」ではなかった。癇癪《かんしゃく》持ちで、泣いたり叫んだり物を投げたりの繰り返し。公園で遊び、日が暮れたから帰るよと伝えた瞬間、サイレンのように泣き叫ぶ。他のお子さんたちは「はぁい!」と返事をして帰るのに、わたしだけ砂場セットのスコップを投げられている。

おかげで、投げつけられたオモチャを上手にキャッチできる動体視力と技を取得。成長過程のひとつだと頭ではわかっていても、実際は頭を抱えてばかり。

雪が舞う冬の日、あたたかいお茶を淹れながらかけてくれた言葉は、自信がないわたしを慰め、励ましてくれた。

あの言葉はばんそうこうだった。

わたしも胸に柔らかなばんそうこうを持とう。悲しいひとや傷ついたひとに、そっと貼れるようになろう。

そのままで

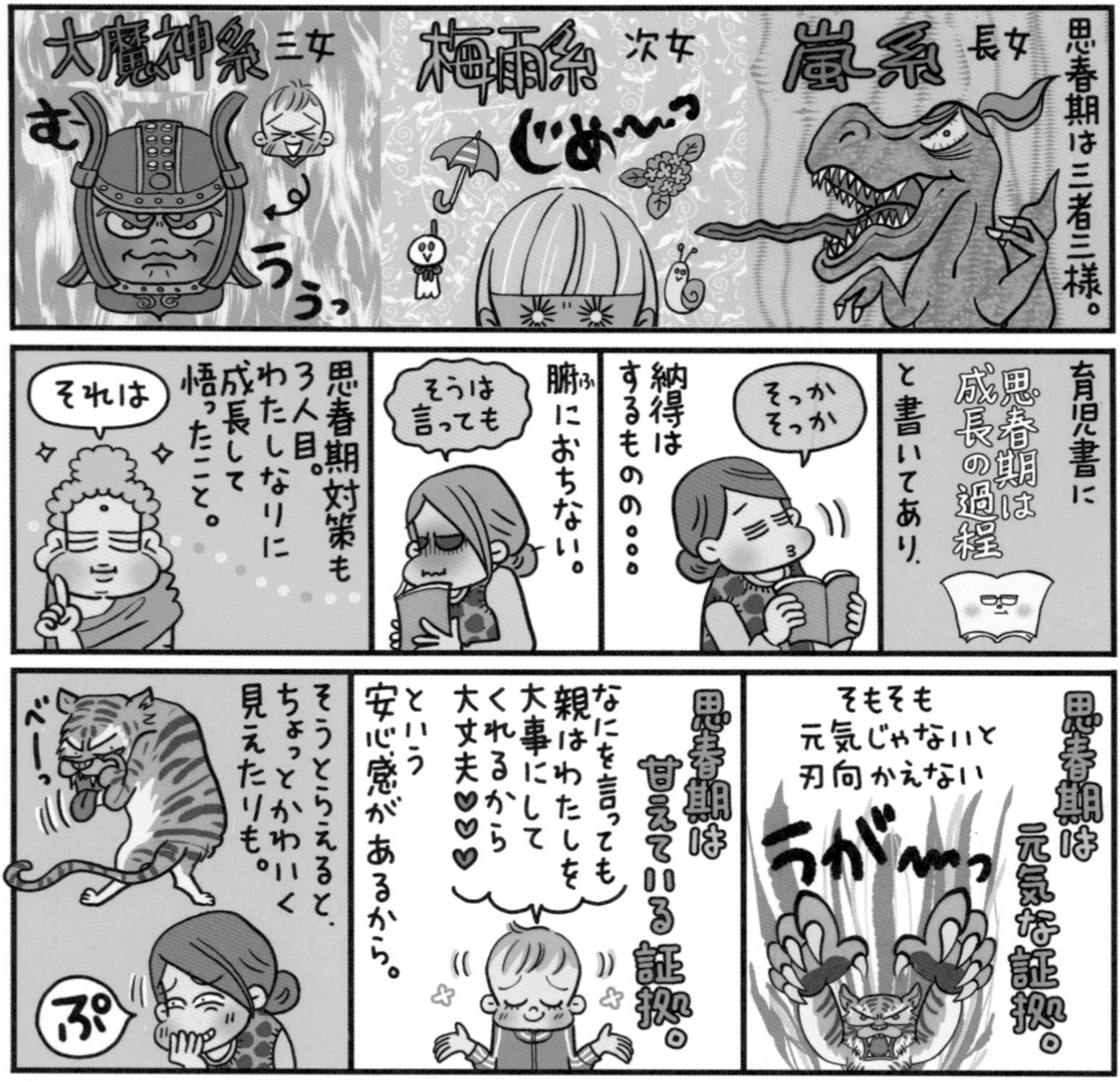
思春期は三者三様。
嵐系 長女
梅雨系 次女
じめ〜っ
大魔神系 三女
む
うぅっ
育児書に
思春期は成長の過程
と書いてあり。
そっか そっか
納得はするものの。。。
そうは言っても
腑《ふ》におちない。
思春期対策も3人目。わたしなりに成長して悟ったこと。
それは
思春期は元気な証拠。
そもそも元気じゃないと刃向かえない
うが〜っ
思春期は甘えている証拠。
なにを言っても親はわたしを大事にしてくれるから大丈夫♡♡
という安心感があるから。
そうとらえると、ちょっとかわいく見えたりも。
べーっ
ぷ

トラより
クマかも

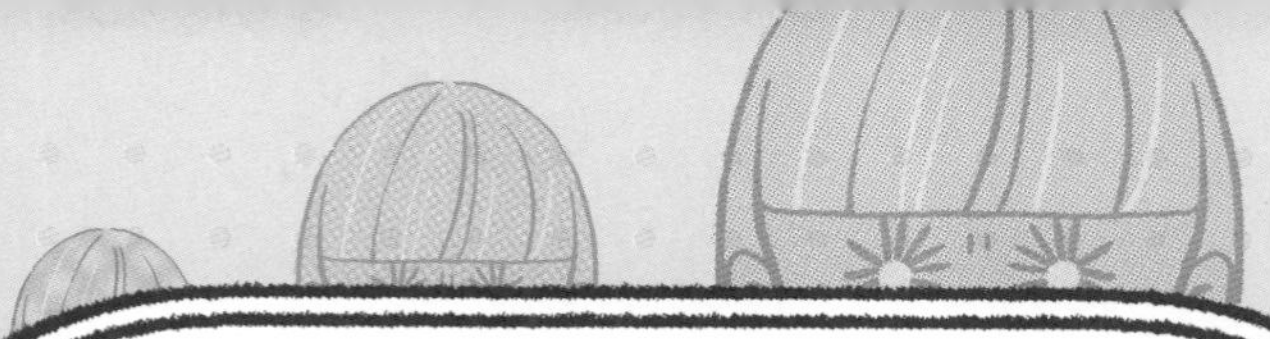

反抗期はおろか、思春期を表にださないまま、わたしは大人になった。正確に言うと「ださなかった」のではなく「だせなかった」だけ。もしも親に対して苛立ちをぶつけたら、出て行けと罵られ、行き場を失ったに違いない。

　幼い頃の記憶を手繰り寄せたとき、頭に浮かぶのはぐんにゃりと歪んだ両親の怒った顔と、家のあちこちに飾られていた、同じく歪んだたくさんの剥製《はくせい》の姿。大人になった今でも、剥製を目にするたび、心臓がつかまれるようにどきっとする。孔雀《くじゃく》も鹿も生きているから煌《きら》めいて美しいのに。あの家は、怖くて苦しかった。

もしかしたら一番歪んでいたのは、他のだれでもないわたし自身かもしれない。

　感情を自分の中に無理やり閉じ込めて、家から逃げる日を指折り数えて、息を潜めるように暮らしていた。そんな生活が健全なわけがない。両親と縁を切る方法を調べて、法律的にできないと知ったときの、あのどうしようもない絶望を今でも覚えている。

　三女は今日も不機嫌。

　冬眠中の熊のように部屋にこもっている。どんなに仏頂面でも、その姿はいじらしくて、ただ可愛い。

　いいよ、そのままで。そのやり場のない苛立ちは、わたしを信頼して甘えている証拠だと勝手に解釈するから。

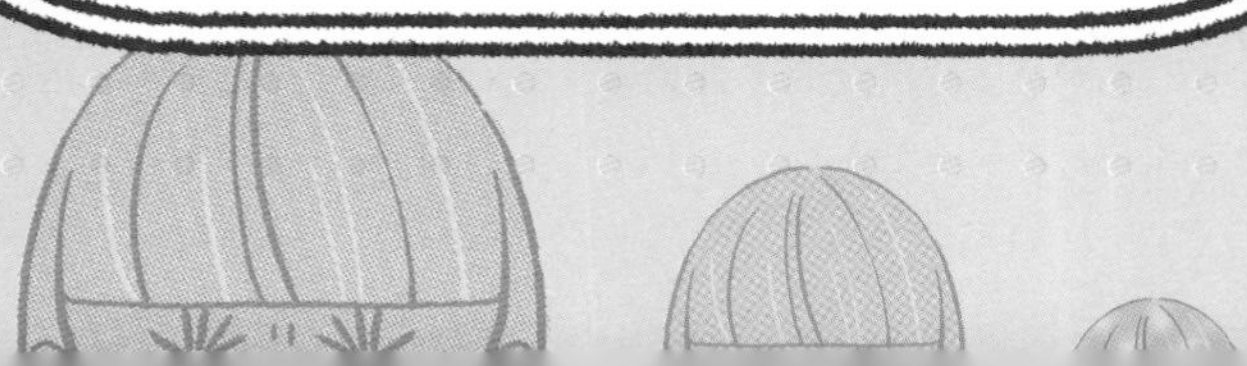

おばさん賞賛宣言!

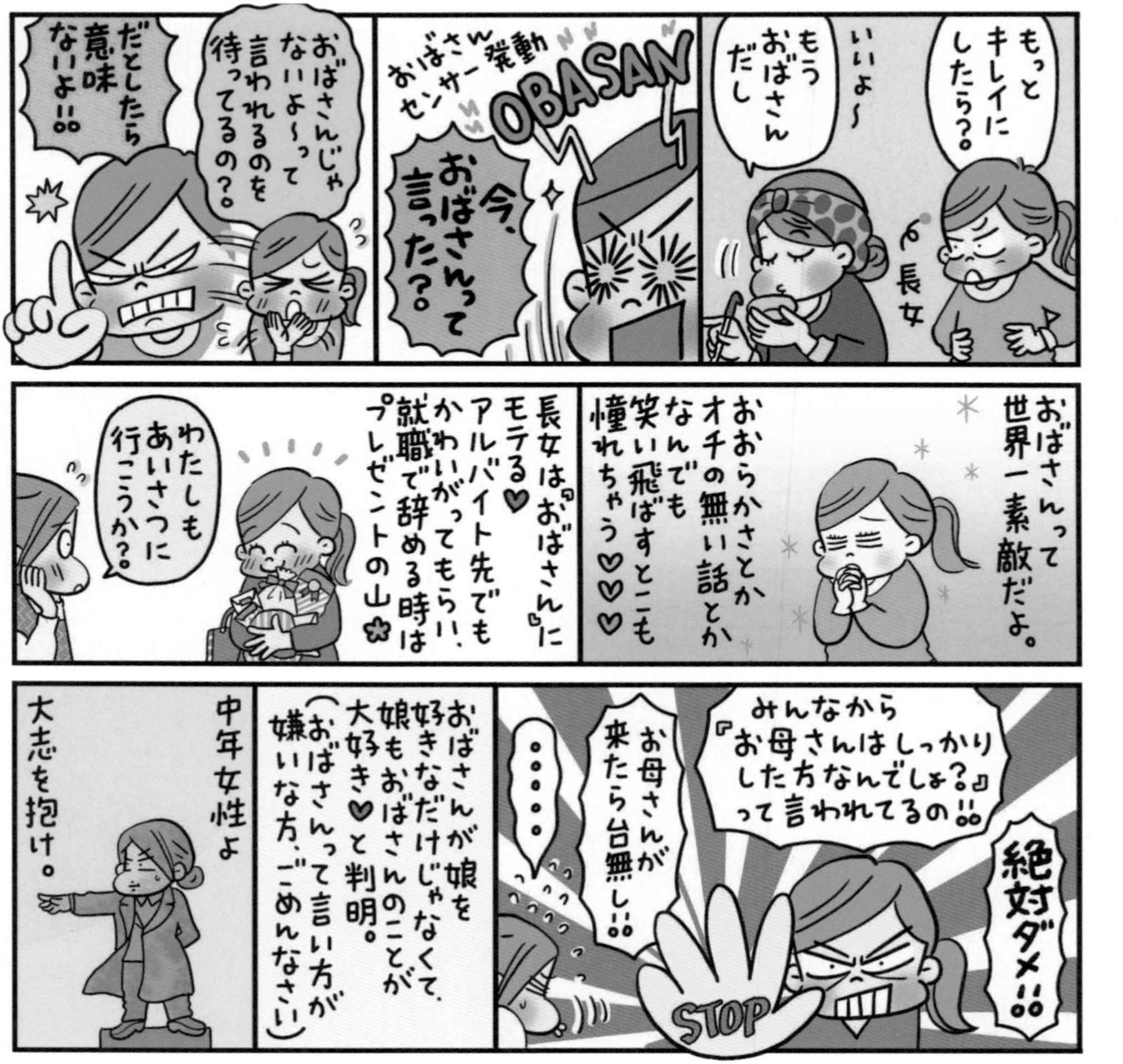

もっとキレイにしたら?
長女
いいよ〜 もうおばさんだし
おばさんセンサー発動
OBASAN
今、おばさんって言った?
おばさんじゃないよ〜って言われるのを待ってるの?
だとしたら意味ないよ!!
おばさんって世界一素敵だよ。
おおらかさとかオチの無い話とかなんでも笑い飛ばすとこも憧れちゃう♡♡♡
長女は『おばさん』にモテる♡ アルバイト先でもかわいがってもらい、就職で辞める時はプレゼントの山✿
わたしもあいさつに行こうか?
みんなから『お母さんはしっかりした方なんでしょ?』って言われてるの!!
お母さんが来たら台無し!!
絶対ダメ!!
STOP
・・・・・
おばさんが娘を好きなだけじゃなくて、娘もおばさんのことが大好き♡と判明。(おばさんって言い方が嫌いな方、ごめんなさい)
中年女性よ
大志を抱け。

わが家で
『おばさんだし』は
禁句

学

生の頃から、先生や周りの大人に絶大な信頼を寄せられていた長女。社会人となった今でも恩師と付き合いが続いているので、親としてはただただありがたい。親以外の大人を信頼して、そして信頼されることは、とても大切だから。

大人から好かれるのは、娘がしっかり者だからだと思っていた。でも、少し違うのかもしれない。

「人間の悩みは全て対人関係の悩み」だとアドラー心理学の本で読んだことがある。確かにそう。いつだって、わたしたちは人間関係で悩んだり迷ったり。

今回、長女の「おばさん称賛宣言」を聞いて、人付き合いって実はシンプルなのかもしれないと学んだ。好きな気持ちや敬う気持ちは、きっと相手にも伝わる。

アルバイト先でお世話になった方から、黒いハンカチをいただいたと見せてくれた。「フォーマルな席で必要になるから」と、丁寧な文字の手紙が添えてある。

お礼を伝えに行きたいのはやまやまなのに、あいにく娘からかたく禁止されているため、伺えないのが残念。

手紙の最後は「素敵な女性になってね」と、結んであった。そう優しく綴るあなたこそが、素敵な女性だと思う。

よーし、わたしも「素敵なおばさん」とやらを目指してみよう。

耳を澄まして③

三女の声
ただいま
バタン
ガラ
ドアの開け閉め、廊下を歩く足音で
うれしいのか
悲しいのか
怒っているのか
心の中で泣いているのかが
わかる。
どうしたの?
学校でなにかあった?
友達とトラブル?
テストがだめだった?
サッカーでミスした?
と、聞きたいことばかり。
でも
聞いたらウザイと思われること間違いなし
あえて
ぐっ
と抑える。
思春期病?にかかっていちばんしんどいのは
本人
頭の中はパンク寸前。
しいて言うなら、わたしは看護師さん。
どうしてもしんどいときは全力で助けるから。
HELP ME!!

思春期病は
再発注意

子どもが帰宅した際、自分の部屋に直行できるとこもりがちになるので、茶の間を通る間取りが一般的に良しとされているけれど。ホントにそう？

数年前に小さな家を建てたとき、あえて玄関からそのまま子ども部屋へ向かえる間取りにした。わたしの顔を見たくないときもあるだろうし、クールダウンだってしたいはず。

臨床心理士の先生から「子どもに根掘り葉掘り聞いちゃだめ。植物を根掘り葉掘りすると腐るのと同じ」と聞いて納得。赤べこのように、何度も大きく頷いた。

根掘り葉掘り攻撃（口撃？）をしそうになるたび、この言葉を思いだして、自分にストッパーをかけるようにしている。

それなのに、いざ子ども部屋から掠《か》れたすすり泣きが聞こえると、胸がかきむしられるようでつらい。胸が張り裂けるとか、胸が詰まるとか、そんな思いを知ったのは母親になってから。代われるものなら代わって、抱えている悩みを全部背負いたいけれど、ここはぐっと我慢。

そのかわり、娘から「今日さ……」と話しかけられたときは、全身を耳にして（妖怪みたい）ちゃんと聞くように心がけている。それしかできないから、なおのこと。

思春期の子を相手にするのは、歯がゆくて、じれったくて、やるせなくて、もどかしい。はあ。

眩しい春に

学童保育で働く次女から聞く子どもたちの姿は
ただいま〜
今日ね
素直でかわいくて。
Ⓐさん（小1）
ずざ〜っ
じっ、じっ
自力で転んじゃった〜‼
わーん
自力…
Ⓑさん（小2）
じーっ
お顔ちゃんとあらった？きたないよ
これはソバカス…
Ⓒさん（小3）
あのさ
なあに？
言いにくいんだけど
いつまでも遊んでばかりいないで働けば？
働いています
辞めることを伝えると
僕が大人になるまでここにいて〜‼
お金がいるなら貸すから
もう遊んであげない‼
ばかばか〜‼
たくさん遊んで大きくなってね。

ソバカスは
チャームポイントだよ

「障がいがある子たちは、いつもわたしのそばにいるの」

次女がぽつりと呟いた。

うん、そうだよね、なんとなく分かるよ。

次女が、人を責めたり怒ったりしているところを見たことがない。いつも穏やかだし、気分にムラがないから、そばにいて居心地がいいんだろう。

次第に会話のなかに、障がいのあるお子さんの名前が増えてきた。素直で優しくて可愛らしい子たちばかりだとおしえてくれる。

指にばんそうこうを巻いていたり、くしゃみや咳をしたときに真っ先に心配してくれるのは、障がいがあるお子さんらしい。「両手でわたしの指を包み込みながら、早く治りますようにって言ってくれるんだよ」と、顔をほころばせていた。その優しい仕草は、きっと親御さんがその子にしているんだろう。

障がいをもっと知りたい、障がい児ともっと関わり合いたいと思ったようで、障がいや発達に特性がある児童が通うデイサービスへ転職が決まった。

もう成人しているのだから、こんな書き方は間違っているのかもしれないけれど、それでも伝えたい。娘と出会ってくれた方へ、おかげさまで、社会人1年目を終えることができました。

今まで出会った方も、これから出会う方も、みなさまの春が眩いものでありますように。

テレビの世界

無事終了〜
『ウワサの保護者会』
ためになる番組。

出演する側は、ほんの一瞬。テレビの前でご覧になっている方にとっても、同じように一瞬かもしれない。

でも、その裏側では数えきれないスタッフの方が、放映時間の何倍、もしかしたら何十倍もかけて、ひとつの番組を真摯に作り上げている。スタッフの方と丁寧な打ち合わせを何度も重ねて、いざ収録へ。ゴールに向けて突き進む作業が好きなので、こうして番組に携われて、とてもうれしい。

子育てが窮屈なこのご時世。

ひとりでも多くの保護者の方が番組をご覧になって、ほっと胸を撫で下ろしますように。ただそれだけを願っているのに、いざ本番になると上手に喋れなくて、後悔ばかりが募ってしまう。

それにしてもテレビに出ると、普段は眠っている脳や体のあちこちが刺激されるのか、翌日は全身打撲なみの筋肉痛に襲われる。まるで、ノックアウトされたボクサーみたい。セコンドがいないので、この際、自分で自分にタオルを投げておこう。

疲れて横になっているわたしを横目で見ながら、娘たちが小声で話しているのが聞こえる。「あの年で新しいことに挑戦したんだからえらいよ。今日はゆっくり寝かしといてあげよう」と。

いつの間にか、労う側から労われる側へ。

まあ、いっか。

桜隠し

今朝も長女と次女は電車に揺られて出勤。
さすがに満員ではなく空席も目立つみたい。
心配しないでね
八の字眉禁止!! テンション下がる
びくっ
気持ちと口角と眉毛を上げて!!
にーーっ
心配するなと言われても×××
連休明けまで学校も部活も無い三女は筋トレ中。
朝夕3時間みっちり!!
はっ
はっ
はっ
はっ
インターハイが中止と知ったときのあの表情。
本当は思いっきり泣きたいだろうに。
いつでも試合にでられるようにいい準備を
独り言なのかそれとも自分に言い聞かせていたのかわからないけれど…
大切なことを奪われている今こそ自分のケアを。
好きな音楽をかけて
おしゃれをして
珈琲《コーヒー》を丁寧に
にっ
あと、気持ちと口角と眉毛を上げなくちゃね。

気づいたら
下がりっぱなし

去年の今頃は、高尾山の山頂で花見をして、鶴岡八幡宮でライトアップされた夜桜を堪能した。それなのに今年は、娘を駅まで迎えに行きがてら、車の窓越しに桜を眺めただけ。季節外れの雪の日、信号が青に変わるまでのカウントダウンのような、あまりにもあっけない花見。

「桜の季節に雪が降ることを桜隠しって言うんだよ」と伝えると、部活で疲れているのか、スマホをいじりながら「ふうん」と気の無い返事。

　桜隠しという春の季語も、桜に雪が積もる風情もこんなに綺麗なのに、気持ちだけが晴れないまま。

　気がついたら川沿いの桜並木はすべて葉桜になっていた。満開の桜の木の下で、ヘッドライトを点けてはしゃいで場所取りをしていたのが、新型コロナが猛威をふるう今となっては夢みたい。全部全部、夢のよう。

　会いたい人に自由に会えて、行きたい場所に気ままに行けることが、どんなに素敵な毎日だったのかと気づかされる。

　もうあの頃のようには戻れないかもしれない、そんな静かな覚悟ができた。

　なにかを突きつけられているのか、それとも試されているのか、なにもわからない。ただ、暗い部屋で黙って体育座りをしているようなこの窮屈な日々が、一日も早く終わりますようにと、それだけを祈っている。

その名はアマビエ

テレビでイラストを
NHK・Eテレ
紹介していただきました✿
『沼にハマってきいてみた』
そのイラストはー
妖怪アマビエ!!
amabie
コロナの前わたしの楽しみといえば
営業停止中
スポーツジム
来日中止
ジャズのライブ鑑賞
自分が無症状の感染者かもと思うと行けない
釣り
友人と永遠に続くおしゃべり
会えない
できないことを数えて
嘆くより
収束後に
ライブや映画に♡
会いたい人に会おう♡
美容室と温泉も♡
できることを考えて笑うほうがいいよね。
だからどうかお願い
OK♡
困ったときの妖怪(?)頼み。

amabie

子どもたちが学校や部活など、今しかない大切な時間を奪われているのに、大人のわたしが嘆いてはいけないとわかっている。わかってはいるけれど、先の見えない自粛生活がかなりしんどい。ふと「しんどい」と声に出した瞬間、不安の塊がぽんと弾けて、少しだけ気持ちが軽くなったような気がした。

だれもが今、我慢をして、疲れて、そして傷ついている。その想いは無理に封じ込めず、口に出したほうがいいのかもしれない。呟く相手がいない方は、わたしが耳を澄まして聞きたいくらい。

漫画で登場するアマビエについて、番組に寄せたコメントはこちら。

「江戸時代に〝疫病が流行ったら、アマビエを写してみんなに見せなさい〟という半人半魚の妖怪の言い伝えがあったそうです。疫病退散の意味を込めて描きました」

その後、このアマビエちゃんは（親しみを込めて〝ちゃん〟付け）某保育園のシンボルとして使っていただき、東京新聞さんの紙面も飾らせていただいた。疫病退散なのに、わたしにとっては商売繁盛の妖怪へと変身。

いっそのこと、千客万来、学業成就、出産安産、家内安全、無病息災と、すべての方たちに向けて、ありとあらゆる祈願をしてくれないかしら。さすがにそれはちょっと図々しすぎるかな。

母はかなりちょろい

夜中、ふと目が覚めて
台所でぼんやりしていると・・・
すと。
すと。
すと。
抜き足〜
差し足〜
末っ子
わっ!!
いたの？。
びっくりした〜!!
明日の朝驚かせようとしたのに〜
やられた〜
ドロボウのような末っ子の姿は、
昔のわたしとよく似ていた。
長生きしてください
長生き
してください
『いやいや、ここは
いつもありがとう』
でしょ？
でもうれしい♡
一気に老けた気が

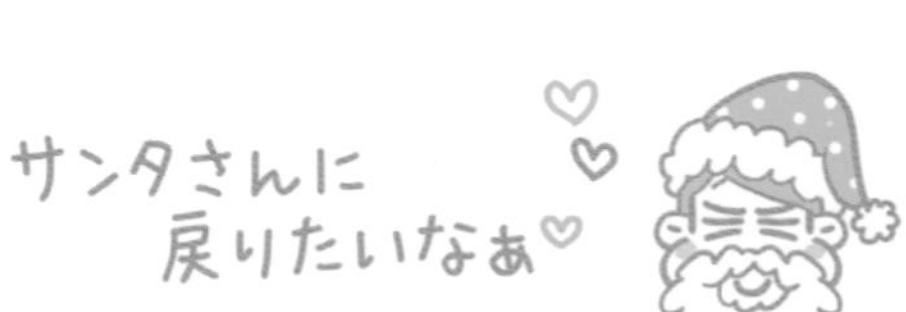
サンタさんに
戻りたいなぁ♡

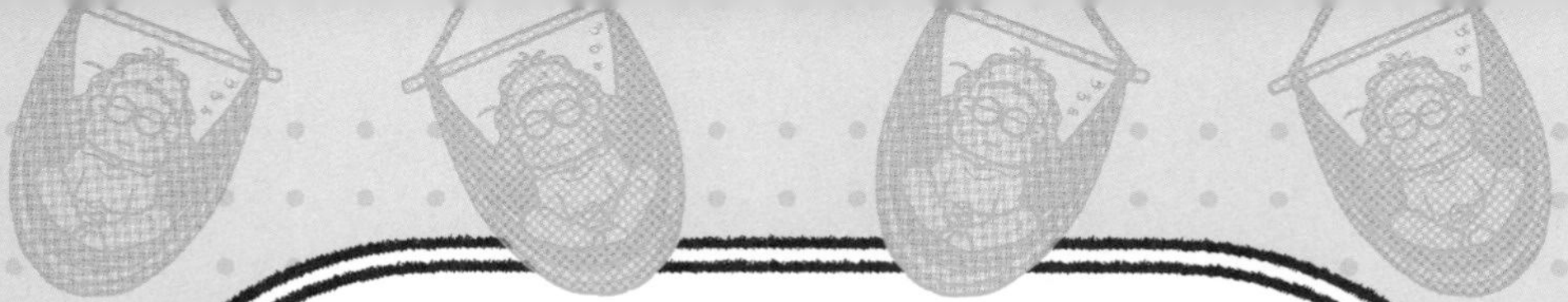

母

の日に、どこからか季節外れの日焼けしたサンタクロースがやって来た。

　絵本で見るサンタさんとは違って、華麗さのかけらも見当たらない怪盗のよう。トナカイの代わりにキジシロの猫を率いたジャージ姿のサンタさんを、たぶんずっと忘れない。

　ちまたでは「母の日、ありがとう」というメッセージが溢れているけれど、きっと逆。こちらこそ、ありがとうと伝えなくちゃ。いつもいつもそう思う。

　母の日は「こんな母親でいいのかなぁ？」「こんな母親でもいいよね！」と自問自答をする日。綺麗ごとを言うつもりはないけれど、それでも伝えたい言葉がある。面と向かっては気恥ずかしくて言えそうもないので、この場をお借りして一言。

「母にしてくれてありがとう」

ただそれだけ。

わたしに気づいて、照れくさそうに笑った末っ子の顔。その一瞬の表情で、今までの暴言や態度も全部、水に流してもいいかとさえ思えるから不思議。

　ほんの数秒の出来事だというのに、思いだしただけで、ほら、わたしの頬はこんなにも緩んでいる。

　子どもは可愛くて、ちょっとずるい。

　そして、子どもの笑顔でころっとだまされるわたしは、かなりちょろい。

眩しい輪郭

学童保育から、障がいのあるお子さんが通うデイサービスへ転職をして二カ月。
次女
デイで働いてるとえらいって言われるの
へーだよね
みんな成長がゆっくりだからできたときはうれしくて♥
お手紙くれた～
親ばかならぬスタッフばか
でれでれ～
素直でホントにかわいいよ
ファイルに保管
ケガ？
あ、これ？かまれちゃった
その子が悪いわけじゃなくて病気がたまたまそうさせただけ
背後にマザー・テレサが見えるような。。。
実はわたしも『デイで働く方をすごいなー』と思っていた。そう考える時点で区別しているのかなぁ。
前は児童数も多いからスタッフに余裕がなくてね。。。
今は子どももスタッフもみんな笑ってばかり
ずっとここで働きたいな
遠回りしてやっと見つけた道。がんばれ娘。
がんばれ、全国の社会人一年生。
心からエールを。

小学生の頃、私は担任の先生から特別支援クラスの〝お世話係〟を命じられていた。遠足では引率を、運動会では補助を、休み時間には遊び相手を。

学校に来られなくなった支援クラスの同級生を迎えに行くようにと頼まれたときは、なかよしの友達と学校に行きたい、みんなと自由に遊びたいと、はじめて反抗した。腕組みをしたまま、先生は静かに言った。

「命令だよ」と。

それからは、学校と逆方向の家へ向かい、嫌がる同級生を宥《なだ》めながら登校する日が続いた。やがて、わたしの転校が決まり、お世話係から卒業できるとほっとしたのも束の間、新しい学校でも同じ係を頼まれ、自由が無くなると落胆したことを覚えている。

次女も特別支援クラスに通う同級生のお世話係を務めていた。卒業式の日、同級生のお母さんが「9年も迷惑かけてごめんね」と娘に謝ると「迷惑なんて思ったことないです」とはにかんでいた。思いもよらない返事に涙をぬぐうお母さんの隣で、あの日、先生に反抗したわたしは正しかったのか、それとも幼かったのかを考えていた。

障がいのある子とない子がともに学ぶ「インクルーシブ教育」を簡単に語ることはできない。それでも娘を見ていると、少しだけ輪郭がつかめるような気がする。

その輪郭はきっと眩しい。

三つの腕時計

効果音が聞こえてきそうな
昇格
ばーん。
営業マンの長女。
係長
海外支店で働くことも考えているんだ
いいなー!!
職場の近くで一人暮らししようかな
次女
えーっ!!
心配!!
そして三女。
卒業したらやりたいことがあるんだ
スピーチ中
あまりにも壮大すぎてわかんないや。
でもわかったこともある。思春期のトンネルを抜けた子は。。。
けっこう楽しいってこと。
めちゃくちゃで愛しい日々をありがとう。

ワインディングマシンに、綺麗に並んだ三つの腕時計。

葬儀の後、夫の古くからの友人に形見分けとしてもらってほしいと伝えると、彼は驚いた顔をしてこう言った。「優さん知らないの？　これは子どもの旦那になる人への贈り物だよ」と。あわててそばにいた長女に尋ねると、ぽろりと涙を零した後、パパから何度も聞いていると頷いた。そんなに大切な話を知らなかったなんて。聞いていたのに忘れていた？　どうしても思いだせないまま。

ぼんやりとした灯の下で、煙草を燻《くゆ》らせながら慈しむように時計を磨く姿を、今でもはっきりと覚えている。彫りの深い横顔は、とても格好よかった。

会うことが叶わない娘のパートナーに、どんな想いを抱いて磨いていたんだろう。もう聞けなくて残念だけど。

夫の忘れ形見でもある娘たちは、自分の道を確実に歩み始めている。成長は胸がちぎれるほど寂しくてせつなくて。それなのに、うれしくてこんなにも誇らしい。

わたしに残された任務はあとひとつ。

いつの日か、まだ見ぬだれかに時計を渡さなくっちゃ。優しい人だといいなぁ。時計を大切にしてくれるといいなぁ。贅沢な想像が膨らむ。ワインディングマシンには、もうしばらくぜんまいを巻き続けてもらおう。

任務を遂行する日まで、もうひと頑張り。

コロシアムファイナル

出会えてよかった

「先生」と呟くだけで、どうしてこんなにいろいろな想いがあふれてくるんだろう。

わたしは引っ込み思案な子どもだった。幼稚園では、やることなすこと恥ずかしくて、もじもじと後ずさりをしてばかり。いつしか、ぽつんとひとりで過ごすようになっていた。

緑豊かな園庭の片隅には小高い山があり、中腹に埋めてある土管の中はお気に入りの場所。

外遊びの時間が終わる頃、園長先生が「優ちゃんはどこかな〜？　ネズミに食べられたのかな〜？」と朗らかな声で迎えに来てくれる。くすくす笑う小さなわたし。

土管から出ると抱きあげてくれるその体は、ちょっとふくよかで柔らかくて気持ちいい。手を繋いで園舎へ歩くときは、いつも胸の奥で同じ言葉を繰り返していた。まるで呪文のように。

時が流れ、わたしは生意気な中学生に成長していた。行きつけのお店で買ったレコード

を小脇に抱え、颯爽とお店を出たら「優ちゃん！」と呼ぶ女性の声。園長先生によく似ているけれど、年齢から考えると違うはず。「もしかして浩子先生？」「そうよ、大きくなっちゃって！」と、人目もはばからず抱きしめてくれた。浩子先生は園長先生の娘さんで、わたしが描く絵をいつも手ばなしで褒めてくれた。

「園長先生はお元気ですか？」と聞くと、少しためらいながら、去年亡くなったのよと教えてくれた。

「あんなにかわいがってもらったのに、お礼を言えてない……」動揺してそう伝えると「お礼なんていいの。覚えていてくれただけで」と言って微笑んだ。懐かしいエクボが左頬に浮かぶ。

ただ泣きじゃくっていた迷子のようなあの頃。

人としての土台を築いて導いてくれたのは、あの幼稚園だった。園長先生に出会えてよかった。浩子先生に出会えてよかった。

あの日、声にだせなかった小さな呪文は「園長先生だいすき」の一言。恥ずかしがらないで、ちゃんと伝えるべきだった。ばかだな、わたし。

人はいつだれと出会うかで、その後の人生をも左右される。今度はわたしが、出会えてよかったと思われる人になりたい。

大丈夫の一言を

昼下がりに頬杖をついて、想いを馳せる。

パソコンに向かっていたせいで硬くなった首と肩を軽く回しながら、コーヒーミルを手に取り、がりがりと音をたてて手挽きする。ぼんやりと過ごすときに頭に浮かぶのは、決まって幼いときの子どもたちの姿。

あの頃は、ゆったりと珈琲を愉しむ時間なんてなかった。喉を潤すことが先決とばかりに、冷蔵庫の前で立ったまま市販のアイスコーヒーを飲むだけ。

子どもたちをお風呂に入れたあと、世界でいちばん大切な贈り物のようにバスタオルで拭いて包み、眠りの世界へといざなう。満ち足りたひとときなのに、自分の世界が閉ざされたようで、虚しくてたまらないのはどうして？


高校生の頃からアルバイトでお金を貯めて、世界のあちこちへ旅をしていた。明日はどの国へ行こうかと、コイントスさながらの刺激的な毎日。身軽に無責任に、自分のためだけに時計のネジを回して暮らす。この先の人生も、自由気ままに生きていくつもりだった。ふらふらと、ゆらゆらと。

それなのに、実際のわたしは3人の子どもたちの育児に明け暮れている。自分以外のだれかのために費やして消耗するだけ。目には見えない足枷にため息をついていた。

一度だけ、声をあげて泣いたことがある。

闘病中の夫は、あと何回、満開の桜を見られるのかわからないし、なにも知らない無邪気な子どもたちに、胸の奥でかちかちと音をたてる時限爆弾の

ような不安を悟られてはいけない。羽が生えていたはずのわたしの背中は、こんなにも重くて窮屈で、そして哀しい。
気丈に振る舞うのも限界で、張り詰めていた糸が切れたんだろう。手に持っていた風船が風で飛ばされた子どものように、ただ泣きじゃくった。
慰めてくれるひとも、頭を撫でてくれるひともいないから、涙をぬぐって顔を洗う。鏡に映るびしょ濡れで、ひどく情けない顔をした自分に語りかける。「大丈夫」と、ただ一言を。

10代のときに思い描いていた未来とはかけ離れてしまったけれど、時を経てわかったことがある。笑った日も泣いた日も、あの平凡でありふれた日も、すべてが線路のように今日へと繋がっていたことを。そして、世界は閉ざされてなんていなかったということを。

夫を見送ったあと、喪失感で表情を失ったわたしを生きるようにと力強く導いたのは、他のだれでもない子どもたちだった。夫の忘れ形見は足枷どころか、大きく豊かに羽ばたく羽そのもので、過去に囚われていたわたしこそが足枷だったと気がついた。
できることならもう一度、小さな子どもたちを褒めて、抱いて、頬を撫でて、背中をさすったあの日に戻りたい。そんなことできないのにねと、独り言を呟いたあと、ほろ苦い珈琲を口に含む。

ゆっくりと。ゆったりと。

なりふり構わないって、きっとこういうことを言うのかもしれない。見通しのいいまっすぐな道なのに、あちこちにぶつかっては転んで落ち込んで。それでもなんとか立ち直って、もつれた足を前へ出して歩いて行く。子育ては、そんな日々の繰り返し。

気がついたら3人の子どもたちは、わたしの背を軽く越した。もう、子どもたちと呼ぶ年齢ではないのかもしれないけれど。

横断歩道を渡るとき、手をぎゅっときつく握らなくてもいいし、食べ物に好き嫌いがあっても、叱ったりおだてて食べさせなくてもいい。日が暮れるからもう帰ろうと、ブランコに乗る背中を押しながら声をかけなくてもいい。

子どもが成長するにつれ、親がしなくてもいいことが増えていく。一見楽なように見えて、本音を言うと、実はちょっとだけつまらない。

子どもが歩く道をあかりで照らしながら導く

必要がなくなった今、昔を懐かしんでは首を傾げている。どうしてあんなに躍起になっていたのか、不思議でたまらない。

ちゃんとした子どもに育てないと！　ちゃんとした親にならないと！　いつだって思いつめてばかりいた。


体が大きくて発達も早かった長女に比べると、2歳差の次女は体も小さくて、発達の遅れが目立った。母子手帳を開くと、月齢ごとに「はいはいはできますか？」「寝返りはできますか？」と質問が記載してある。すべての問いに対して「はい」にマルが書いてある長女の母子手帳とは逆に、次女の答えは「いいえ」だらけ。心なしか、鉛筆の筆跡が弱いようにも見える。不安で潰れそうな心の中が透けて見えているかのよう。

保健師さんと相談をして、1歳から療育センターへ通うことになった。はじめは右も左もわからなくて、理学療法士の先生の説明を聞き取るのがやっと。数か月が経ち、ようやく、ふうっと深呼吸ができるようになったとき、職員の方からサークルを紹介していただいた。

発達の遅い子を育てている保護者が立ち上げたそのサークルは、月に2度、お弁当を持って大きな公園で集まる。いつまでも続くたわいないおしゃべりや、はしゃぐ子どもたちの笑い声、強弱のついた噴水の音を、今でも鮮やかに覚えている。

生活の中心が次女のリハビリになっていたため、普段はがまんを強いられる長女も、ここではおもいっきり遊べる。とは言え、落ちていた枝を振り回して歩いている方にぶつかったり、銀杏の木に登っては落ちて泣いたりしてはしゃぐのを、いったい何度「ちゃんとしなさい！」と、追いかけて窘めたかわからない。

ふと、気がついた。サークルの保護者が決して口に出さない言葉があることを。それは、

「ちゃんとしなさい」と「早くしなさい」というふたつの言葉。「ちゃんとしなさい」はわたしが長女に向けて、しょっちゅう使う言葉。「早くしなさい」は、なにをするにもゆっくりな次女に向かって、急《せ》かして使う言葉。

家の中では決して「早くしなさい」と言わないのに、保育園や公共の場だと、つい口に出してしまう。周りの方に迷惑がかかってしまうから？　周りの方の目が気になるから？　そもそも、周りってだれなんだろう。

発達が早い遅いにかかわらず、大人のわたしと子どもを比べると、体の大きさが違うのは一目瞭然。

たとえば、日常にありふれたなにげない動作。玄関に立ち、左手で鍵を取り出しながら、履き慣れたブーツにつま先から滑り入れるわたしとは違い、まずは靴の左右を確かめることから始める次女。小さな手で小さな靴を持って、小刻みに揺らしながら小さな足を入れる。その姿を眺めていると、急かす自分が恥ずかしい。

「早くしなさい！」と言う言葉の代わりに使うようになったのが「ゆっくりでいいよ」。もちろんそれぞれの子どもの性質もあるので一概には言えないけれど、わが家の場合は、「ゆっくりでいいよ」と言う一言は、魔法のセリフのように効果があった。

急かされたら、だれだって焦ってしまう。子どもならなおのこと。靴紐を急いで適当に結んだら、いつか緩んでつまづいてしまうかもしれない。でも、ゆっくりでいいよと言われたら、落ち着いて靴紐を順序通りに結べるはず。

振り返ると、いつだって子どもをズームレンズで見つめていたような気がする。ズームでのぞけばのぞくほど、悪いところばかりが目についてしまうのに。

今だったらわかる。子どもをズームで見たところで、いいことなんてなにもない。むしろ、パノラマで見るくらいがちょうどいい。

そんなふうにしなやかに考えられるようになったのは、サークルの保護者に出会えたおかげだと思っている。

他の人だと気づかずに見逃してしまうようようなな、ほんの些細な成長でも、発達が遅い子どもを育てていた私たちは手を叩いて喜び、笑い、そして時には涙ぐむ。

ちゃんとしていなくてもいい、早くできなくたっていい、笑ってくれればそれだけでいい。そんなシンプルな答えが、あの場では流れていた。空気のようにふんわりと。

子どもは親が考えているよりもずっとタフで、育つ力を持っている。そして、子どもからたくさんのことを学んで、大人も一緒に育っていくことを知った。

ゆっくりと。ゆったりと。

おまけ漫画①

もしも子どもたちが同じクラスだったら。

衣服の乱れは心の乱れ。
制服着崩さない!!
はっ
わたしも
はいっ
委員長タイプの長女。
まったくもう
お洒落のことで頭がいっぱいな次女。
今日もいい感じ
脳が筋肉でできている三女。
筋肉は正義
きっと笑ったり泣いたり怒ったりしながら、
なんだかんだと楽しかったのかも…。
どんな縁があったのかわからないけれど。
出会えてよかった
ま、いっか

おまけ漫画②

『育児漫画家』と呼ばれるようになるまで

長女が生まれ、
吸引分娩で衝撃的な頭
類似品
次女が生まれ、
うるさい
育児ブルー中
三女が生まれ。
コンビニにかえしてく
生んでくれてありがとう…
あたしの赤ちゃん♥
姉ばか開始
そして今
姉ばか最高潮
こっ、こんなにかわいい生き物がこの世界にいるなんて…
コレ
うれしいときもしんどいときも描いて、気づいたら肩書きは『育児漫画家』。
いつしか次世代の方へ届くようにと、エールを込めて描くように
子どもと一緒に駆け抜けた24年。
気分はフルマラソン
リアルタイムの育児漫画はこれにて終了。
お付き合いいただきありがとうございます
閉幕の舞台が、思春期コロシアムでよかったです♥

おわりに

先日、子育てがテーマのテレビ番組にゲスト出演をさせていただいた。現役の保護者の方達をスタジオに招いて、熱い井戸端会議が繰り広げられるものの「勝たなくちゃ」「強くなくちゃ」「頑張らなくちゃ」という気概が保護者の方から透けて見えて、胸がぎゅっと痛む。

講演会でもそう。足を運んでくださるお客さまのほとんどが、悩み、苦しんでいる。胸が痛い理由はわかっている。その姿が、いつかのわたしを見ているようだから。時代は急激な変化と進化を遂げているのに、子育ての世界だけが、息苦しくて取り残されたまま。

わたしが浮かない顔をしていたのは、10年以上も前のこと。夫を亡くしたとき、友人や知人はこぞって「旦那さんのぶんもしっかり生きてね」と声をかけてくれた。ぼんやりとしているわたしを心配したのか、叱咤激励は続く。「子どもたちのためにも、前を向いて進みなさい」と。

それは優しさからあふれる言葉。3人の幼い娘たちにも「パパのぶんもしっかり生きるのよ」と励まし、小さな肩を抱いてくれた。あたたかい言葉もぬくもりも、ずっと忘れない。

なんとか自分を奮い立たせて過ごしたけれど、少しずつ体が削られていくようで、目眩を感じるほど。ただでさえ家事と育児で精一杯なのに、失った人のぶんまで自分に重ねて強く生きるなんて、できそうもない。

わたしは、わたしの人生を生きよう。

これから歩む人生を、とことん愛していくためにも。

肩の力を抜いて深呼吸をしながら、周りに甘えて、ちょっとだけいいかげんに生きていこう。そう誓って、小さな子どもたちに伝えた、みっつの呪文。

勝たなくていい。強くなくていい。頑張らなくていい。

子育てをしている方へ、介護をしている方へ、道に迷っている方へ、生きづらさを抱えている方へ。

わたしたちは我慢を美徳だと信じて、体も心もがんじがらめになっている。その固結びのような窮屈な胸の糸は、もうほどいてもいい。そんな甘い考えでどうするつもりだと目くじらを立てる方がいるかもしれないけれど、それでも伝えたい。

動きだせない日があってもいい。泣き暮らす日があってもいい。周りに迷惑をかけてもいい。いつか自分自身にエネルギーが戻ったら、かけてしまった迷惑を回収すればいいだけ。頑張らなくたって時計の針は進むし、お腹だって空くから。

亡夫の四十九日を過ぎたある日、友人が手相の勉強を始めたからと、わたしに手を差し出すように促した。穴があく勢いで手のひらをじっと見つめたあと「優は強運の手相！　これからどんどん素敵な運命が待ってるよ！」と、自分のことのように喜んでくれた。

別の知人は、まっすぐにわたしを見て「これからいいことがたくさんありますよ」と、繰り返し呟いた。

その言葉は天から垂れた煌めく糸のようで、手繰り寄せるたびに、ぽっかりと穴が空いた胸を満たしていく。

あのとき手相をみてくれた友人が、実は手相なんてさっぱりわからなかったんだよねと教えてくれたのは、つい最近の話。なんて優しい嘘なんだろう。

「おわりに」には似つかわしくない文章だけど、いちばん伝えたいことを、読んでくださったあなたへ綴ります。

ひとりでも多くの方に、みっつの呪文が届きますように。そして、あなたらしい道を歩んでいけますように。感謝をこめて。

高野優

明日は締め切りだから
仕事部屋に来ないでね
ふわ〜ん
それなのに・・・
おかーさん
見て〜♡ 髪、上手に巻けたよ
おかーさん 猫伸びる!!
おかーさん スパイク臭っ
ま、いっか
呼ばれるうちが花
『オカアサン』っていい響き
とっても楽しい連載でした。
いつかまたどこかで
YOU

高野優

育児漫画家・イラストレーターであり、社会人、高校生の三姉妹の母。
2008年 2009年「土よう親じかん」NHK　Eテレ・司会
2009年〜2011年「となりの子育て」NHK　Eテレ・司会
2013年「ハートネットテレビ」NHK　Eテレ・ゲスト
2014年 日本PTA全国研究大会記念講演
2015年 日本マザーズ協会・ベストマザー賞文芸部門受賞
2016年「スッキリ!!」日本テレビ・コメンテーター
2018年 2019年　講師派遣会社スピーカーズアワード教育育児部門大賞
2019年　全国保育士会研究大会基調講演
2020年「ウワサの保護者会」NHK　Eテレ・ゲスト

著書は『よっつめの約束』（主婦の友社）、『思春期コロシアム　決戦のゴング開幕編』（東京新聞）、『HSP！ 自分のトリセツ』（1万年堂出版）ほか、40冊以上。台湾や韓国等でも翻訳本が発売中。

講演会は、マンガを描きながら話をするという独特なスタイルで、育児に関するテーマが人気。

https://ameblo.jp/youtakano2018
公式ブログ・「釣りとJAZZと着物があれば」

本書は、東京新聞・中日新聞に連載の「思春期ブギ」「思春期コロシアム」(2018年2月から2020年6月まで)に、「PHPのびのび子育て」(2020年5月号)、「家庭教育誌ないおん」、「保育資料(通巻733号)」のコラムを加え、さらに加筆、修正、再編集したものです。

続・思春期コロシアム
愛vs哀のファイナル編

2020年10月31日　第1刷発行

著　者　高野　優

発行者　安藤篤人
発行所　東京新聞
〒100-8505
東京都千代田区内幸町2-1-4
中日新聞東京本社
電　話［編集］03-6910-2521
　　　［営業］03-6910-2527
FAX　03-3595-4831
装丁・本文デザイン　中村　健(MO' BETTER DESIGN)
印刷・製本　株式会社シナノ パブリッシング プレス

ISBN978-4-8083-1050-9　C0077

thanks♡
中村さま
砂本さま
東京新聞さま
東京すくすくさま
山崎さま
安達さま
感謝你